少年读史系列

刘娟 ○ 著

12·南北朝

人民文学出版社

图书在版编目(CIP)数据

少年读《资治通鉴》. 12，南北朝/刘娟著. —北京:人民文学出版社,2021(2024.11 重印)
(少年读史系列)
ISBN 978-7-02-016849-1

Ⅰ.①少…　Ⅱ.①刘…　Ⅲ.①中国历史-古代史-编年体②《资治通鉴》-少年读物　Ⅳ.①K 204.3-49

中国版本图书馆 CIP 数据核字(2020)第 252234 号

责任编辑　朱卫净　邱小群
装帧设计　李　佳

出版发行　人民文学出版社
社　　址　北京市朝内大街 166 号
邮政编码　100705

印　　制　上海盛通时代印刷有限公司
经　　销　全国新华书店等

字　　数　58 千字
开　　本　890 毫米×1240 毫米　1/32
印　　张　4.375
版　　次　2021 年 8 月北京第 1 版
印　　次　2024 年 11 月第 12 次印刷

书　　号　978-7-02-016849-1
定　　价　35.00 元

如有印装质量问题,请与本社图书销售中心调换。电话:010 - 65233595

　　为响应国家关于"传承发展中华优秀传统文化，增强国家文化软实力"的伟大战略，将博大精深的中华传统文化普及到少年儿童群体中，我们倾力打造"少年读史"系列图书，最先推出的便是这套《少年读〈资治通鉴〉》。

　　《资治通鉴》是一部卷帙浩繁的大部头史书，虽已经司马光之手，"删削冗长，举撮机要"，但仍"网罗宏富，体大思精"，令人望而生畏。为了让孩子们读懂并喜欢上它，我们精心制作了这套《少年读〈资治通鉴〉》。

　　《少年读〈资治通鉴〉》共20册，是一套连续的历史故事集，通过311个引人入胜的历史故事，鲜活地演绎了从周威烈王二十三年（公元前403年）到五代后周世宗显德六年（公元959年）共1362年的朝代更替、历史兴衰、人事沧桑。

　　考虑到少年儿童的阅读兴趣与特点，在尊重历史的大前提下，这套书对史料进行了科学的剪裁，用通俗易懂的语言，通过大量的人物对话，模拟事件发生的场景，把历史上的重要人物和重大事件生动地呈现出来，让少年儿童在增长历史知识的同时，又享受到阅读的乐趣。

为了避免让整个历史读起来碎片化，这套书尤其注重历史事件的连续性和系统性，讲究由小故事串起大事件，用大事件演绎大时代。故事与故事之间，相互承传、次序分明，有条不紊地把历史推向纵深，帮助少年儿童真实、立体地感知历史发展的脉络。

此外，这套书还针对重要的历史地名（官职），做了相应的注释，帮助少年儿童从空间坐标上更好地理解时间坐标上的历史。

历史学家钱穆先生曾经说过这样的话："任何一国之国民，尤其是自称知识在水平线以上之国民，对其本国已往历史，应该略有所知。否则最多只算一有知识的人，不能算一有知识的国民。"

有鉴于此，我们希望通过这套《少年读〈资治通鉴〉》，帮助我们的孩子更好地了解中国历史，学习中国传统文化，做一个真正的中国人。

目录

对内平定孙恩、卢循起义，消灭桓玄等地方割据势力，使混乱的南方重归统一，对外消灭南燕、后秦等北方国家，又以新月阵大破北魏，收复山东、河南等地，巨大的军功使得刘裕在东晋朝廷的地位越发显赫起来，他被封为宋公，赐十个郡，建立宋国，并受到九锡殊礼。

权力的膨胀让这个小名叫"寄奴"的寒门子弟的野心也跟着膨胀，开始向权力的顶峰发起冲刺，他悄悄派人杀死晋安帝，然后立琅邪王司马德文为皇帝，这就是晋恭帝。司马德文即位后，立即把刘裕的爵位从"公"进为"王"，又赐给宋国十个郡（一共二十个郡），并给了刘裕皇帝才能够享受的一系列殊礼。

然而，成为一人之下万人之上的宋王，并不是刘裕人生奋斗的最终目标，虽然这个国家现在已经是他说了算，但是名义上的皇帝还是司马德文。刘裕此时已经年近花甲，回首一生，战功无数，地位显赫，唯一没有实现的愿望只有一个——当皇帝，他希望司马德文能够把帝位禅让给自己，但一直不好意思说出口。可是，他也不能一直等下去呀，得想个办法。

这天，刘裕在自己的封国摆下宴席，召集手下臣子一起喝酒聊天。喝着喝着，刘裕装着若无其事的样子，说："当年桓玄篡位，晋国江山摇摇欲坠，是我首先起兵讨伐他，后来又南征北战，晋朝的国运才得以延续到今天。现在我已经老啦，却获得这样尊崇的地位，实在让人不安。我打算把这些爵位还给皇上，回家养老，在这里先和诸位打声招呼。"

在场的人都没明白他话中的深意，还以为他故作谦恭，于是一个个地争着拍马屁，赞美他的功德，说什么"多亏有宋王力挽狂澜""宋王对晋室有再造之恩！""普天之下宋王功劳最大呀！"一群人夸赞完，又继续喝酒聊天。

刘裕本来以为自己一说要辞职告老，大家就会明白他的弦外之音，进而劝他称帝，没想到这帮人一点儿都不懂他的心思。

刘裕心里十分恼火，暗骂："真是一群没眼力见儿的酒囊饭袋！"

夜色已深，众人喝得七倒八歪，尽兴离开，大臣傅亮也跟着走出宋王府。他今天也喝了不少，头有点儿昏沉沉的。这时，一阵冷风吹过来，傅亮突然清醒了不少，他边走边想刚才刘裕说的话，这才恍然大悟："啊！原来宋王是以退为进的意思！"他停下脚步，思索了半晌，又果断地折回宋王府，叩门求见刘裕。

刘裕正在为没有人懂自己的心思而窝火，忽然听说傅亮求见，当下喜出望外，心想："还是傅亮最懂我啊！"忙让人把他带进来。

两人都是明白人，这场谈话就异常简短。傅亮开

门见山地对刘裕说："我应该马上返回京城。"刘裕知道他进京是为自己称帝一事奔走，便也直截了当地问："你需要多少人护送？"傅亮想了想，说："人多嘴杂，给我几十个人就足够了。"刘裕点点头，当即安排人马。

傅亮走后，刘裕难以入睡，就静静地站在窗前远眺。此时恰好一颗彗星划过夜空，长长的彗尾扫过天际，留下耀眼的光亮。刘裕心想："古人常说彗星不吉利，大概是替司马氏的江山送行吧。"

傅亮很快来到京城建康，逼司马德文征召刘裕入朝辅政。这年六月，刘裕应召入京。傅亮再次进宫觐见，用委婉的话语暗示司马德文将帝位禅让给宋王，还拿出早就拟好的退位诏书，让他亲自抄写一遍。事已至此，司马德文知道回天无力，便愉快地提起笔，对左右侍臣说："当年桓玄叛乱的时候，晋朝已经失掉了天下，多亏宋王刘裕才得以延续国祚将近二十年。我今天将帝位禅让给他，是心甘情愿的。"说完，命人拿来正式诏书，对照着傅亮的草稿，认认真真地抄写在上面。傅亮见事情顺利，暗自松了一口气。

刘裕拿到禅位诏书，简直是心花怒放，当下安排禅位大典事宜。公元420年，刘裕代晋称帝，改国号为宋，史称刘宋。刘裕即宋武帝。司马德文被封为零陵王，东晋就此灭亡。

刘裕即位之后，以身作则，生活俭朴。他平时就穿戴普通的衣帽，游览与宴会次数也很少。他将自己的财产全都放在国库中，宫内不设私藏。有一次，岭南向朝廷献上一种筒装的细布，刘裕认为这种布过于精美，一定耗费了太多的人力、财力，便下令弹劾负责进贡的官员，把这批贡品还给当地，并禁止岭南织造这种细布。从此，宫内宫外都不敢再铺张浪费。

刘裕又吸取晋室灭亡的教训，削弱强藩，集权中央，为防止权臣乱政，他特地下诏：以后大臣外出征讨，一律配备朝廷的军队，征伐回来后，再将军队交回朝廷。

刘裕还颁布了许多有利于百姓的法令，他废除苛法，降低租税，发展生产，重视教育，改善社会状况，在人才的选拔上，注重任用寒门人士。经过精心治理，刘宋经济复苏，国力增强，百姓安居乐业，为刘宋初期长达三十年的"元嘉之治"打下坚实的基础。

由于常年征战，刘裕的身体落下不少毛病，便开始考虑身后事。皇太子刘义符经常和一些奸佞小人厮混在一起，大臣谢晦很是忧心，便对刘裕说："皇上年事已高，要多考虑继承人的问题了。帝位重要，不能交给没有才能的人。"

刘裕也听说刘义符的一些荒诞行径，于是问道："你觉得庐陵王刘义真怎么样？"

谢晦明白他的意思，麻利地说："我先去观察观察，再回复您！"他出宫后便去拜访刘义真。

刘义真是刘裕的次子，聪明俊美，他知道谢晦深受刘裕信任，便盛情款待。酒席间，刘义真口若悬河，想要与谢晦推心置腹，长谈一番，谢晦却闪烁其词，不愿答话。从刘义真那儿出来后，谢晦对刘裕说："德行比不上才华，不是君王的合适人选啊。"继承人的事便暂时搁置了下来。

永初三年（公元 422 年）三月，刘裕病重，徐羡之、傅亮、谢晦、檀道济等大臣一同进宫，侍候刘裕服药治疗。

两个月后，刘裕病危，他将太子刘义符召到病榻前，告诫他说："檀道济能征善战，精于谋略，忠心耿耿。徐羡之、傅亮也不会有异心。谢晦随我南北征战，机变百出，将来如果有问题，一定是他。"交代完，刘裕还写下遗诏："将来如果出现年幼的君主，一律由宰相主持朝政，皇太后用不着临朝主政。"他让徐羡之、傅亮、谢晦、檀道济共同接受遗命，让他们辅佐太子。

刘裕去世后，年仅十七岁的太子刘义符即皇帝位，这就是刘宋少帝。

刘义符当上皇帝后，丝毫没有改变轻佻妄为的性格。刘裕尸骨未寒，他就与左右侍从嬉戏游乐，毫无节制，有大臣苦苦规劝，他根本不当回事。

徐羡之、谢晦、傅亮见刘义符这个德行，觉得不能让刘宋江山毁在这种人手中，便有了废黜他的心思，开始秘密筹划此事。但是，如果废黜刘义符，按长幼顺序，继位的就是刘义真，而徐羡之等人一向对刘义真没有什么好感。于是，徐羡之想了一个办法，上疏弹劾刘义真的种种罪行，将他贬为平民，放逐到新安。

元嘉元年（公元 424 年），徐羡之、谢晦、傅亮打算执行废立计划，因为忌惮大将檀道济的威望与军功，便将他召入朝中共同参与。檀道济本来不想卷入其中，迫于形势，只得同意。

几天后，谢晦对外声称自己的住宅破败，需要修缮，将家人全部迁出，秘密在府中聚集了将士。当天晚上，他与檀道济睡在一个屋里，想到即将发动的政变，谢晦又紧张又激动，整夜不能合眼，檀道济却呼呼大睡。

第二天凌晨，檀道济引兵开路，徐羡之等人紧跟其后，冲进皇宫。宿醉未醒的刘义符还没明白怎么回事，身边的两名侍卫就被砍翻在地。刘义符大惊，叫道："来人哪，有刺客！"可是，当他看清眼前面无表情的将士，以及站在一侧的徐羡之等人，瞬间明白这不是刺客闯入，而是一场宫廷政变。

徐羡之以皇太后的名义下诏，将刘义符废为营阳王，随后派人将他杀死。为除后患，徐羡之还派人将流放在新安的刘义真也杀死。

当年七月，徐羡之、谢晦、傅亮等人迎立刘裕的第三子、宜都王刘义隆为皇帝。刘义隆就是刘宋文帝。在他的统治下，刘宋王朝即将开启长达三十年的治世。

2

统万城被攻陷了

    南方的刘裕代晋称帝、建立刘宋王朝时,北方的"十六国"中只剩下北魏、西秦、北凉、大夏、北燕等国家,其中北魏在拓跋珪、拓跋嗣父子多年苦心经营下,成为最强大的国家。公元423年,北魏皇帝拓跋嗣去世,由他的儿子拓跋焘继位,这就是北魏太武帝。拓跋焘有雄才大略,处事聪明果断,即位后,他立志继承祖父和父亲的遗志,实现统一北方、统一中国的宏伟蓝图。到底先打哪个国家呢?思来想去,拓跋焘将矛头对准大夏国。

    北魏始光三年(公元426年),拓跋焘听说大夏国主赫连勃勃去世，他的几个儿子内讧，大夏国人心惶惶，便发兵攻打大夏国。拓跋焘派大将奚斤、周几兵分几路进攻长安等地，自己则亲自率领两万骑兵，袭击大夏国都城统万。

当时正值寒冬，到处冰天雪地，黄河上还结了厚厚的冰，拓跋焘率军一路疾驰，踏冰渡河，很快到了距离统万城只有三十里的地方。

统万城的王宫里，大夏国国主赫连昌正与大臣们烤火取暖，欢歌宴饮，好不热闹。这时，一名侍从跑进来，上气不接下气地报告说："魏国的骑兵部队马上就要到达统万城了。"在座的大臣听了，无不大惊失色，赫连昌忙将酒杯一推，披上战袍，亲自出城迎战。

仓促上阵的大夏军很快败下阵来，赫连昌被拓跋焘打得灰头土脸，只好撤回了统万城中，打算倚仗坚固的统万城自保。当初，赫连勃勃召集十万民众筑统万城，为了保证城墙坚固，筑城用的土都要蒸熟。每筑好一堵墙，都要用铁锥刺墙，测试城墙的坚硬程度，如果铁锥刺进去一寸，则下令推倒重筑，还要将筑这堵墙的工匠杀死，把尸体筑到墙中。这样一来，工匠们干活都小心翼翼，力求完美，最终城墙坚硬得可以磨砺刀斧。

拓跋焘军事才能出众，善于分析，心想："统万城易守难攻，我军现在深入敌国腹地，没有足够的粮草，不适合打持久战。不过也不能白来，骚扰他们一番再走。"于是，他纵兵四处抢掠，然后带着无数战利品返回了北魏。

回国不久，拓跋焘就接到报告说，奚斤率领北魏军已经攻入长安，三辅地区也被北魏军控制，周边很多原本依附大夏国的部落都向北魏投降，赫连昌派平原公赫连定率领两万人马前往长安，打算收复失地。

拓跋焘大喜，对左右说："夏军主力被奚斤牵制，后方空虚，正是我们前去攻打统万城的好时机。"

不过，拓跋焘吸取了上次的教训，没有草率行动，他知道要想一举拿下坚固无比的统万城，一定要做一番周密部署。于是，他下令砍伐林木，大规模建造攻城用具，又挑选精兵，调遣将领。一切准备停当，拓跋焘才亲率大军渡过黄河，在拔邻山筑城休整。

第二天，拓跋焘召集众将商议作战计划，他说："我想了一路，打算改变进军计划，由我率领三万骑兵先赶往统万，步兵作为后续部队跟上，再分出一些人马运送攻城的器械。"

左右将领都不同意，劝道："统万城坚不可摧，恐怕不是一时半会儿就能攻克的。万一您没能攻下，想要退回来与后面的大部队会合，肯定没有足够的军粮支持。不如集中全部兵力，一举攻陷统万。"

拓跋焘摇摇头，说："兵法上说，攻城为最下策，不到万不得已，我不会用。如果我们步兵、骑兵一齐开往统万，一定会激发夏军死守城池的决心。一旦城池长时间攻不下，我们粮草耗尽，兵疲马乏，冬季城外又没什么可以抢掠的，我军必然陷入进退两难的境地。"

将领们仍然劝道："统万城不是一般的城池，城墙坚固，城内兵精粮足，三万骑兵根本攻不下它啊。"

拓跋焘环视了众人一圈，笑道："谁说我要攻城？

这次我们骑兵长驱直入,先行抵达统万,夏军见我们大部队没来,肯定会掉以轻心。到那时,我们找机会引诱他们出城作战,争取速战速胜。三万骑兵,攻城当然不够,但用来与夏军决战,绰绰有余!我主意已定,你们不要再说了!"

于是,拓跋焘亲率三万骑兵,日夜赶路,很快抵达统万。他让大队人马埋伏在附近的深谷之中,每天只派小股部队来到城下,挑衅示威,试图引诱大夏兵出来作战。

可是,一连十几天过去了,无论北魏军使什么花招,统万城内的大夏军将士就是闭城不出。拓跋焘正在纳闷,有一个投降的大夏兵向他报告说:"赫连昌听说魏军主力已经急速赶来,就派人召回赫连定。但是赫连定回复说:'统万城坚固无比,易守难攻。等我生擒奚斤后,再赶回来与你内外夹击魏军,肯定能成功。'所以赫连昌专心守城,等待赫连定回军。"

这个消息让拓跋焘有点儿着急,他担心再拖下去,赫连定援军赶来,三万北魏军不是其对手。他苦苦思索，突然有了主意，派大将娥清等人率领五千骑兵在城西大肆劫掠大夏国百姓。

赫连昌听说魏军到处抢掠，知道这是诱敌之计，便不予理睬。这天，有一名北魏兵因为犯了军法害怕被杀，便投降了大夏军。那名北魏兵报告说："魏军骑兵轻装前来，只带了很少的粮草，而辎重补给还在后方，现在魏军天天吃野菜充饥。"

赫连昌大喜，追问更多的情况。那名北魏兵又说："前几天魏军在城西抢掠，没什么收获，眼看着就要断粮了，后面的粮草辎重还没到达。依我看，现在正是袭击他们的好时机。"

赫连昌连连点头，亲自统率步兵、骑兵共三万人出城攻打魏军。阵容齐整的大夏军从统万城中冲出，看上去威风凛凛，气势极盛。

北魏大臣长孙翰对拓跋焘说："夏军阵势严谨，难以攻破，我们应该避开他们的锋芒。"

拓跋焘生气地说："你这是什么话！我们远道而来，就是要引诱敌人出城，现在他们出城了，我们却避而不打，这不是长他人志气、灭自己威风吗？敌军既然已经上钩，我们就要与他们决一死战。"于是命令军队集结到一起，假装害怕而逃走，引诱大夏军追赶。

赫连昌见北魏兵后撤，以为他们害怕了，果然下令兵分两路追击，打算来个左右包抄。在震天鼓声中，大夏军一口气追了五六里路，渐渐远离统万城。

就在这时，天空突然乌云翻滚，紧接着狂风肆虐，卷起漫漫尘沙，遮天蔽日的，人和马都被沙尘笼罩。不一会儿，又下起倾盆大雨，淋得双方将士都狼狈不堪。

北魏军中有个叫赵倪的宦官，通晓神道法术，就对拓跋焘说："这阵风雨是从敌人那边袭来的，敌人顺风，我们逆风，不利于我军。不如暂时避开敌军的锋锐，等风雨过后再寻找时机出击。"

大臣崔浩厉声喝止："你这简直是混账话！我们千里而来，自有制胜的办法，战略制定了就要执行，怎么可以说变就变？夏军以为我们胆怯，不断追击，后面根本没有援军。我们应该把精锐部队隐蔽起来，分兵突袭他们。刮风下雨是常见的天象，逆风顺风，全看人们怎么利用，怎么可以生搬硬套到战事上，认定对我军不利呢？"

拓跋焘很认同崔浩的话，说道："你说得非常对！今天这一仗，我们打定了！"说完，他转身对着将士们高喊道："我们离家有两千余里，现在夏军已经追到身后，我们没有退路，只能逆风而行，冲入敌阵，杀他个痛快！"北魏军将士受到鼓励，决心拼死一搏。

拓跋焘将骑兵分为两队，分头牵制对方。他自己一马当先，冲入敌阵，北魏军将士也跟着杀上去。不知道打了多久，拓跋焘身边的士卒相继倒下，他自己也被流箭射中，但他神色自若，毫不畏惧，仍然奋力杀敌。众将士见他们的皇上如此神勇，更受鼓舞，个个以一当十，最终杀得对方溃不成军。赫连昌见势不妙，连忙往高平方向逃跑。

北魏军杀进统万城，俘虏了大夏国的王公贵族，缴获了无数珍宝、车辆和牲畜。拓跋焘将这些财物全都赏赐给英勇善战的将士们。

几天后，又有一个好消息传到北魏：赫连昌被奚斤手下将领安颉擒获。

　　赫连定听说统万被攻破，赫连昌被擒，只得放弃收复长安，逃往平凉，在那里称帝。后来赫连定又联合刘宋攻打北魏。五年后，赫连定被吐谷浑人抓住，送给北魏，后被处死。曾经雄霸一方的大夏国就此灭亡。

3

刘义隆自毁长城

宋文帝刘义隆刚登基的时候，根基很浅，没有什么实力，朝中都是一班追随他父亲刘裕的老臣旧将，朝政大权就落入徐羡之、傅亮、谢晦这几位顾命大臣的手中。

文帝对徐羡之等人杀害自己的两位哥哥一事十分痛恨，做梦都想扳倒这些权臣，便暗中积蓄实力，等待时机。两年后，他觉得时机成熟，就宣布徐羡之、傅亮、谢晦三人杀害两位兄长的罪行，将他们法办。最终，徐羡之自杀，傅亮被斩，谢晦起兵反叛，被大将檀道济一举平定。

剪灭了权臣，文帝将皇权牢牢抓在手中，开始了长达近三十年的统治。他在继承武帝刘裕的治国方略的基础上，抑制豪强，实行劝学、兴农、招贤等一系列措施，提升国力，使百姓安居乐业，这一时期的南方出现百年未遇的治世，史称元嘉之治。

可是，时间一长，文帝这样一位明主也犯了喜好猜忌的毛病，枉杀了名重一时的大将檀道济，最终追悔莫及。

檀道济出身于一个贫寒的家庭，从小没了父母，长大后成为北府兵中的一员，由于军事才能出色，很受刘裕的赏识。从那以后，檀道济就追随刘裕南征北战，驰骋沙场，成为刘宋第一名将。

檀道济平定谢晦叛乱之后，得到了晋升。但是，此时文帝大权在握，想法也与往日不同了。放眼朝中，当年刘裕留下的四位顾命大臣中，只剩下檀道济了。由于他立的战功越来越多，在朝中声望也越来越高，更重要的是，他还手握兵权。文帝每每想到这里，心中都很不踏实。

元嘉七年（公元430年），文帝想收复被北魏夺去的黄河以南的地区，便派到彦之、朱脩之等大将兵分几路大举北伐。起初，宋军的进展出奇的顺利，很快收复失地。可到后来，北魏瞅准时机，派骑兵大举反攻，把几路宋军都打得大败，黄河以南地区因此得而复失。更糟的是，朱脩之被北魏军围困在了滑台①，情况十分危急。文帝无奈，只好派檀道济率军前去营救。

一路上，檀道济的大军不断受到北魏大将叔孙建的堵截。二十几天内，双方先后发生了三十多次交战，幸亏檀道济指挥有方，宋军才多次击退魏军，最终到达历城。

这天，檀道济正在军营中思考营救滑台的方案，突然见城中一角浓烟四起，火光冲天，不禁叫道："不妙！"

片刻工夫，一名亲信飞奔来报："檀将军，叔孙建正在烧我们的粮草！"

---

① 北魏的军事要地。在今河南滑县。

檀道济暗暗叫苦，表面却不动声色，低声问："快去看看，还剩下多少？"

不一会儿，亲信又来报："军粮几乎都被烧了，剩下的只能坚持几天了！"

檀道济挥了挥手，示意亲信退下。他一个人抱头苦思。没了粮食，这仗没法打，如果贸然前进，不但救不了朱脩之，还有可能把自己这支援军也搭进去，现在最好的办法是从历城撤军，以保存宋军实力。

想到这里，檀道济果断传令下去："今晚撤军。"

当晚，宋军就悄无声息地往回撤退，由于军粮被烧，一路上士气低落。有几名宋兵越想越害怕，就悄悄地离开队伍，投降了北魏，把檀道济缺粮撤退的消息告诉了北魏军。北魏军主帅大喜，派轻骑兵追击，打算来一个赶尽杀绝。

弹尽粮绝，追兵将至，怎么都是死路一条，宋军军心涣散，人人自危。檀道济因此很着急，心想："这样下去，恐怕不等魏军来打，我们就自己先垮了，得想个办法让大家振作起来！"

檀道济就叫来几名亲信，附在他们耳边，如此这般吩咐了一番。

当天晚上，北魏的探子躲在宋军的营帐外面窥视着里面的一举一动。只见灯光下，几名士兵正在清点粮食，他们拿着量斗，一斗一斗地量着，边量边唱出数字："一、二、三……这一堆有三百升！现在量旁边那堆。"在他们面前，是一堆一堆像小山一样高的粮食。北魏的探子不由得在心里嘀咕："上当了，原来宋军还有这么多粮食。"他马上回营报告。

宋军将士听说军中余粮突然变得充足，虽然不知道粮食是从哪里得来的，但是一个个都振奋起来。

原来，檀道济利用夜色的掩护，命几名亲信偷偷运来许多沙子，把它们一堆一堆地摆在帐中，然后再把军中仅剩下的一点儿谷米均匀地覆盖在每一座小沙堆上面，看上去就像满满一堆全是米。

北魏主帅得到情报，气急败坏地将那名投降的宋兵杀了，然后召集兵众，从四面八方包抄檀道济的军队，打算来一个瓮中捉鳖。

敌强我弱，怎么脱身呢？檀道济苦苦思索了一晚。第二天早晨，他命令军士们都披上铠甲，全副武装，自己则穿着白色的便服，率领军队缓缓出城。

北魏军见檀道济从容不迫，宋军队伍威武齐整，又疑惑起来。是不是城中有伏兵呢？这么一想，他们不但不敢逼近，还稍稍撤退以自保。

就这样，檀道济得以保全了军队，并安全撤军。几个月之后，滑台缺粮少食，又等不来援军，很快被北魏攻破，朱脩之等人被俘。

檀道济虽然没有救出被困的宋军，但安全撤军，毫发未损，再次威震朝野，升任司空一职，之后回到驻地。从此，北魏军队也害怕檀道济，都画他的画像来驱鬼。

檀道济声名日隆，他的几个儿子也掌握着兵权，左右心腹战将都身经百战，一些心怀忌恨的朝臣就开始在文帝面前挑拨，说："怎么知道他不是司马懿那样的人呢？"这种话听多了，文帝对檀道济的猜忌与畏惧之心便日益加剧，到后来竟然成了一种心病。

文帝一向身体较弱，屡次病情危急。元嘉十三年（公元 436 年），文帝再次病重，朝中人心惶惶。大将刘湛一向有执掌朝政的野心，想趁机将朝权抓在手里，又担心檀道济阻挠，便劝说文帝的异母弟弟、司徒刘义康说："皇上一旦驾崩，檀道济手握重兵，恐怕会像当初的谢晦那样起兵造反。您位高权重，要劝皇上早做安排呀。"刘义康本就不喜欢檀道济，便借进宫侍疾[1]的机会，劝文帝征召檀道济入京，伺机除掉他。文帝也担心自己命不长久，便默许了此事。

朝廷诏令送到檀家，檀道济没有多想，当即整理行装准备进京。他的妻子向氏心中不安，忧虑地说："夫君，功高震主的臣子，自古以来都容易被君王猜忌。现在国家并没有战事，皇上却召你这员武将入京。我担心要大祸临头了。"

檀道济抚了抚妻子的背，安慰道："我对朝廷忠心耿耿，朝廷上下谁不知道？我很快就回来，你就不要杞人忧天了。"

---

[1] 侍候、陪伴、护理生病的帝王。

檀道济到达京城之后，文帝的病情一直没有好转，便留他在京一个多月。等文帝病情稍稍好转，放下心来，就让檀道济返回驻地去。

檀道济一边收拾行李，一边给妻子去信，打趣她道："我明天就回来，你瞧瞧，我什么事儿也没有。妇人家就是多心！"

第二天一早，檀道济准备离京。乘坐的船已到码头，他忽然看到河边的树上，有几只黑色的鸟在寒风中悲鸣，顿时有一种不祥的预感，不由得紧走几步，进入船舱，对船家说："开船吧。"

谁知，船家刚要开船，突然岸上传来一阵急促的马蹄声，不一会儿，一队人马到来，为首的正是刘义康，只听他急急喊叫："檀将军留步！皇上召您回宫，要为您设宴饯行。"

原来，文帝的病情突然加重，刘义康觉得大事不妙，不想放虎归山，便自作主张把檀道济追回来。檀道济虽然觉得有些蹊跷，还是上了岸，跟刘义康往宫里去。

一行人走到半路，刘义康突然脸色一沉，冷不丁地对左右将士喝道："皇上有旨，速将逆贼檀道济拿下！"

"什么！逆贼？"檀道济还没明白怎么回事，就被团团围住，他这才相信临行前妻子的直觉，原来一切都是圈套，只是他明白得太晚了。

檀道济怒不可遏，两道目光像利剑一样刺向刘义康，他伸手扯下头巾，狠狠地摔在地上说："你们这是在毁坏自己的万里长城！"众人一拥而上，将他捆了个结实。

几天后，文帝下诏说："檀道济暗中招募地痞无赖，趁我病重之时，图谋不轨，按罪当诛。"将檀道济交由廷尉处理。最终，檀道济和他的儿子、心腹亲信等十一人，一并被诛杀。

檀道济被杀的消息传开，宋国人都替他惋惜，北魏人却欢欣鼓舞，都说："檀道济死了，宋国剩下的那些人就不必放在心上了。"

檀道济被杀十五年后，刘宋出兵北伐，却被北魏大军击败。北魏军队长驱直入，一度攻到长江北岸。当时，文帝登上石头城北望，忧心忡忡地看着江对面声势浩大的北魏军，长叹一声说："如果檀道济还在，事情怎么会到这个地步！"

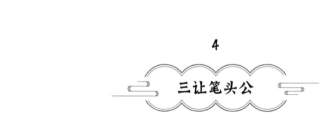

一天，北魏大臣古弼匆匆忙忙地走进了皇宫，觐见太武帝拓跋焘，打算向他请示一件刚刚发生的事情。宫里的侍从见到他，都恭恭敬敬地称呼道："笔公！"

古弼原来不叫这个名字。他是一个地地道道的鲜卑人，明元帝拓跋嗣很欣赏他，给他赐名"笔"，意思是说他性格耿直又有用，就像笔一样。后来拓跋嗣让他辅佐太子拓跋焘，发现他很有才能，于是又给他改名为"弼"①，意思是他像弼一样纠正太子的过错。当时

---

① "弼"是一种矫正弓弩的工具，引申为"纠正、辅佐"之意。

的人都尊称古弼为"笔公"。拓跋焘即位后，古弼因辅佐之功，受到重用。

此时，拓跋焘正与大臣刘树下围棋，见了古弼，只是点了点头，心思仍然在下棋上。他手执一枚棋子，思索了半天，才徐徐落下，刘树连声赞道："皇上高明！"说完，他也伸手摸了一子，放在棋盘上。拓跋焘看着棋局，不禁皱起了眉头，想了好半天才落一子。就这样，他和刘树你来我往，下得不亦乐乎，把古弼给忘了。

古弼坐在旁边等了很久，几次想要说话，发现拓跋焘根本没有给他说话的机会。过了一会儿，古弼忽然从座位上跳了起来，揪住刘树的头发，把他从位子上拉了下来，然后又揪着他的耳朵，不断敲打他的后背，边打边大声嚷道："国家没有治理好，就是你的罪过！"

刘树正沉浸在下棋中，哪里提防到古弼这突如其来的袭击，疼得咧嘴大叫："古弼你干什么？皇上……救我！"

拓跋焘也是大惊失色，赶紧放下棋子，说："古弼，快住手！没有及时听你奏事，是我的错，跟刘树有什么关系，怎么可以动手打他？"

古弼这才松了手，默默地退到一边。刘树捧着脑袋，心有余悸地缩在一边，生怕古弼倔脾气上来了，又把自己揍一顿。

拓跋焘虽然觉得很扫兴、很没面子，但他也知道古弼为人忠厚谨慎，如果不是忧心朝政，断然不会当着自己的面打大臣。他又好气又好笑，盯着古弼问："到底有什么事，值得你闹这么大动静？"

古弼上前一步，认认真真地说："上谷地区皇家园林占的面积太大了，把老百姓的耕地都圈进去了，臣请求减少一半面积，将这些地赐给那些贫穷的百姓，让他们耕种。"

拓跋焘一向心系民生、提倡俭朴，便说："你的意见很好，赶紧去办吧。"

得到满意的答复，古弼仍然站在旁边，没有退下的意思。

拓跋焘奇怪地问："你怎么还不下去办，还有什么事啊?"

古弼惭愧地说:"我身为臣子,在皇上面前殴打大臣,以下犯上,粗暴无礼,请皇上重重惩罚我。"说完,他退出殿,自己来到公车署①,脱掉帽子、光着脚请求处罚。

拓跋焘将他召入宫,说:"你有什么罪过呢?赶紧戴上帽子穿上鞋,去办正事吧。对于那些有利于国家、方便百姓的事,就要尽全力去做,不要有任何顾虑。"

古弼这才出了宫。拓跋焘看着古弼渐渐远去的背影,再看看委屈狼狈的刘树,摊了摊手,无奈地说:"古弼这个人哪,性子是直了点儿,但他一心为了国家,为老百姓着想,难怪先帝给他起名'古笔'。别说你了,有时候我都避着他。今天你受委屈了,以后小心点儿,少招惹这个'笔头公'。"

刘树心里恨得咬牙切齿,却只得赔着笑,但他笑得比哭还难看。

---

① 负责审理诉讼、冤屈的部门。

不过拓跋焘虽然这样劝慰刘树，其实有时候也一样恨不得将古弼宰了才解气。

　　这年秋天，拓跋焘去河西打猎，让古弼留守京城。出发前，拓跋焘下诏说："让古弼挑选肥壮的马，给我们打猎的骑兵用。"

　　打了半天猎，拓跋焘见往常精神百倍的骑兵们一个个都蔫蔫的，收获的猎物也很少，以为他们不尽心尽力，非常恼怒，说："一群废物，打个猎都无精打采，以后还怎么上战场？"

　　旁边一名亲信说："皇上息怒，不是大家不想好好打猎，实在是这些马太瘦太弱，追猎物时跑不快啊！"说完，牵来几匹马，这些马看上去又瘦又老，走起路来慢吞吞的。

　　拓跋焘勃然大怒，骂道："古弼！你这该死的笔头奴，我的诏令你竟敢打折扣。等我回去一定要把你这支笔的笔尖①给折断了！"

---

① 古弼的头长得很尖，拓跋焘经常把他的脑袋比作笔尖。

古弼惹怒了皇上，将被问罪。消息传回朝廷，古弼的下属官员惶恐万分，生怕自己受到牵连被杀，连忙向古弼讨主意。

古弼却淡淡地说："作为一名臣子，不让君主沉湎于狩猎游玩之中，这个罪过不大；如果不考虑到国家可能面临的不测之事，使军队缺少必要的物资，这个罪过才是大的。"

当时，北魏边境经常发生战事，魏军主要以骑兵为主，马匹的好坏，直接影响到军队的作战能力。可是，拓跋焘毕竟是一国之主，向臣子要几匹好马都不能如愿，这个皇帝也太没面子了。众人都明白古弼说得有理，却担忧地说："笔公啊，话虽这样说，可是听说皇上这次很生气，肯定会降罪下来。如果为了几匹马被杀，多不值得啊。"

古弼严肃地说："如今北方的柔然部落相当强盛，常常侵扰我国边境；南方的刘宋贼心不死，时时想抢占我们的国土，我们不得不做长远打算，所以才将肥壮的马留给军队用，把瘦弱的马提供给皇上狩猎。能够让军队免遭损失，即便被处死，又有什么关系呢？再说了，这件事是我做的，与你们无关，我会担起全部责任，你们不要担心。"

大家见古弼如此耿直，敬佩不已，有人就把古弼的这番话说给了拓跋焘听。

拓跋焘这才平息了怒火，感叹说："自古以来，事事都为国家、百姓着想，连皇帝都敢得罪的大臣，确实很少。这样的臣子是国家之宝啊。古弼一心为了国家，我不仅不能怪罪他，反而要重重赏赐他呀。"于是命人给古弼送去很多赏赐。

古弼收到赏赐，也很感动。敢于得罪皇上的臣子自古就不多，那是因为像拓跋焘这样的明君也很少啊。忠臣遇上明君，既是他们彼此的幸运，也是国家的幸事。从此，古弼更加忠心耿耿地做好本职工作。

过了几个月，拓跋焘再次外出打猎。这次，他没要强壮的马匹，对古弼分配给骑兵们瘦马也没有任何意见。这次狩猎，拓跋焘一行收获非常大，捕获了几千头麋鹿。

拓跋焘下诏给古弼，让他派五百辆车来运送麋鹿。信使拿着诏书，骑马往宫里跑。拓跋焘又想了想，对左右随从说："笔头公一定不会给我这么多车，你们还是去找些马来运猎物吧。"说完，他就骑马回宫了。

拓跋焘才走了一百多里，信使就送来古弼的奏表。拓跋焘停下马，读完奏表，哈哈一笑，说："果然不出我所料，笔头公啊笔头公，你可称得上是国之栋梁啦！"说完，他将古弼的奏表递给左右。

左右接过来一看，上面写道："现在正是秋收季节，农田里的谷穗色泽金黄，粒粒饱满，田野里遍布桑麻大豆，一派丰收的景象。不过，山上的野猪野鹿总是跑出来偷吃，飞鸟大雁也争相啄食，加上近来天气多变，如果不及时收割作物，早日运进国库，损耗会非常大。我斗胆请皇上允许推迟运送麋鹿，先将这些车辆用于秋收，我保证尽快安排收割、运送谷子的工作。"

左右都赞道："笔公真是一心为国家啊。"

拓跋焘在位近三十年，古弼尽心尽力地辅佐他三十年。拓跋焘去世前，还交代太子，要好好地对待古弼，说他可以成为太子的左右手。

正是重用许多古弼这样的良臣，推行一系列利于国家安定的政策，北魏才日益兴盛，先是大破柔然，之后攻灭大夏、北燕、北凉、仇池等国，结束了"十六国"纷争的混乱局面，统一了北方。自此，北魏与南方的刘宋王朝，形成长期对峙的局面。

5

兄弟相煎

一个秋天的夜晚，皎洁明月挂在高空，建康的皇宫内一片寂静，偶尔有几名侍从匆忙地在各殿之间穿梭来去。大病初愈的宋文帝刘义隆端坐殿中，准备召见称病在家已经五年之久的大臣殷景仁。他们君臣之间，已经有五年未见。今晚他要与殷景仁商讨一件大事，这件大事与文帝的异母弟弟、彭城王刘义康有关。

在等待殷景仁到来时，文帝回想起关于刘义康的一幕幕，内心久久不能平静。

当年，大臣谢晦等人被诛后，刘义康奉命镇守江陵，负责荆州、益州等八个州的军事。后来，大臣王弘推荐刘义康进京与自己共同辅政。王弘身体不好，又不想卷入太多的是非争端，渐渐地就将事情都推给刘义康处理。自那以后，刘义康就独自总管朝廷内外事务。

有些人天生就喜欢处理公务这类工作，刘义康就是这样。他聪明过人，博闻强记，勤奋自律，经常废寝忘食地阅读公文，处理政务，每件事情都办理得周密妥当，力求让文帝满意。文帝非常信任他，凡是他奏请的事情都批准，刺史以下官员也由他任免，甚至连官员的生死都交给他定夺，名将檀道济被诛杀，便是刘义康多次在文帝面前劝说的结果。文帝还经常驾临刘义康的府中，兄弟间亲密无间。一时间，刘义康权倾朝野，群臣争相巴结逢迎，尊称他为"相王"。

文帝自登上帝位以来，处理国事勤勤恳恳，劳心劳力。偏偏他从小就体弱多病，每次只要稍微操劳，旧病就复发，还曾经多次病危。每次文帝一患病，刘义康就进宫尽心侍奉，每一碗汤药都要亲口尝过，才放心送给文帝服用，有时候他一连几天守在文帝的病榻前，真是操碎了心。他对文帝的这份兄弟之情让很多人感动不已。

但也有些大臣因为忌妒刘义康的权势，就别有用心地散布他的一些谣言。刘义康没有多少学问，自己也不检点，常常任性行事，有些事情就传到文帝的耳中，比如"相王野心勃勃，喜欢结交各地豪杰，他家门前常常有数百辆车排队等待接见，相王不论多忙，总是一一悉心接待"，比如"朝中有才干的大臣都被相王聘请到自己府中任职，他府中那些没有才能的人则被他贬到朝廷任职"，再比如"相王任性行事，私自在府中养了六千多名僮仆，不曾向朝廷报告"，或者"全国各地官员进贡物品，把最好的先给相王，次等的才呈给皇上"。

文帝起初根本不相信，总是一笑置之。文帝喜欢吃柑橘，有一次在宴会上，他让人剥了一个。结果才吃了两口，文帝就放下了，摇头叹息说："今年的柑橘，无论是外形还是味道，都比往年差很多。"

一旁的刘义康哈哈一笑，说："皇上，今年的柑橘也有好的，我派人回府中给您取去。"

很快，柑橘就取来了。文帝一看，这篮柑橘个个都比自己吃的要大得多，而且清香扑鼻，就让侍从剥了一个，吃起来果然甜蜜多汁。文帝嘴里觉得甜甜的，心中却有点儿不高兴。

刘义康的亲信刘湛熟悉前朝的历史掌故，擅长谈一些治理国家的道理，文帝很喜欢听他谈话，经常召他进宫，到天黑才让他出宫。后来，刘湛见刘义康权倾朝野，便竭力推崇刘义康的权势，甚至唆使刘义康肆意妄为。刘义康本就不拘小节，听了刘湛的话，更加不避嫌，在文帝面前不注意君臣的礼节，这让文帝心中渐渐不满。后来刘湛一进宫，文帝就巴不得他早点儿在眼前消失。

有一年，文帝再次病重，刘湛与刘义康的其他几个亲信刘斌、孔胤秀等人就聚在一起商量说："一旦皇上驾崩，应该立一位年纪大的做君主。"显然，他们指的是刘义康。

刘义康是不是有这个心思，他自己没有明说，但有一天，他进宫侍疾回来，痛哭流涕地对刘湛说："今天皇上命我起草托孤诏书，要我辅佐年幼的太子。"

刘湛不满地说："治理国家是一项艰巨的任务，怎么能交给年幼的君主？"

刘义康没有接话。孔胤秀等人看出刘义康的心思，于是背着他，擅自向相关人员索取一份特别的档案，内容记载的是当年晋成帝去世时，改立他弟弟晋康帝的事情。后来文帝病情好转，听说了这件事，对他们十分厌恶，连带对刘义康也提防起来。

大臣殷景仁曾经几次提醒文帝说："刘义康现在权势过重，恐怕不利于国家，应该对他稍加抑制！"文帝从此就不再到刘义康的府中去了，也不像从前那样放手由刘义康处理朝政。

有一次，刘义康打算让亲信刘斌当丹杨尹①，才提了一句："刘斌家境贫寒……"文帝就说："可以让他去吴郡当一个太守。"再后来，会稽太守请求调回京

---

① 京城所在郡府长官，掌管京城行政事务以及诏狱。

师，刘义康又想让刘斌接替他，就上奏问："会稽太守请求调回京城，派谁接任他的工作呢？"文帝当时并没有想好合适的人选，但他就是不想让刘义康推荐的人上任，仓促之间回答说："我已经任用了王鸿！"

大概是觉察出了文帝的态度，此后刘斌等人抓紧时间密谋，打算一旦文帝驾崩就让刘义康登上帝位。他们时刻关注着朝廷的动静与宫中的变化，只要发现谁与他们政见不同，就千方百计加以陷害。殷景仁作为文帝信任的大臣，自然就受到排挤与孤立。在刘湛的怂恿与张罗下，刘义康多次在文帝面前告殷景仁的黑状，试图扳倒他。很多朝臣为求自保，渐渐地疏远殷景仁。殷景仁无奈，便向文帝上奏说自己生病要辞去官职。

文帝身体多病，可是脑子并不糊涂，他让殷景仁先回家养病，职务不要辞掉。从此，殷景仁称病在家。

刘湛一计不成，再生一计，他派人扮装成窃贼，埋伏在殷景仁府外，打算将他杀死。好在文帝听到风声，提前将殷景仁的家搬到一个更安全的地方，并派人严加把守，刘湛的人才没有得手。

刘湛等人不但不知收敛，反而变本加厉，在他们眼中，只有相王刘义康，根本没有文帝。有时候文帝在朝堂上询问政务，刘湛常常说："皇上您龙体要紧，这种小事情就不要劳心了，交给相王处理就好。"有时候他甚至敢当面顶撞文帝。

文帝隐忍不发，但是他暗下决心，不能任由刘湛等人肆意妄为下去，否则会酿成大祸，这才连夜召见殷景仁。

"皇上，殷景仁大人觐见！"一位侍从匆匆进来报告，打断了文帝的回忆。

"快宣他进来！"文帝急急吩咐。

只听一阵"嘎咯嘎咯"的竹椅声由远及近，过了一会儿，殷景仁坐着小椅子被抬进殿中。

君臣五年未见，却一点儿生疏感也没有，因为他们之间密信往来频繁，多的时候一天有十几封信，朝廷发生的大事小事，文帝都征求殷景仁的意见。这些往来信件由一名可靠的信使传递，他的行踪十分隐秘，竟没有人发现蛛丝马迹。

"终于盼到这一天了！"殷景仁说完，泪水打湿了眼眶。文帝也不胜感慨，隐忍五年，终于要结束了。两人商讨起诛杀刘湛及其党羽的事情。正好刘湛的母亲病逝，按规定，他必须辞去官职，回到家乡守孝三年，即所谓的"丁忧"。殷景仁打算借刘湛离京展开诛杀行动。

到了实施计划的这天，一向称病的殷景仁突然精神抖擞，很早就起来，命令家人给他整理衣帽，由于他卧病太久，家人都不明白他的用意。而刘义康一早就被文帝召进宫值班，随后被软禁起来。

当天晚上，殷景仁以雷霆之势逮捕了刘湛及其党羽刘斌、孔胤秀等八人，并很快将他们诛杀。刘义康的其他党羽听到消息，都惊恐逃窜。

刘义康被软禁在宫中十多天，听说党羽被诛灭，知道大势已去，便请求辞去官职，文帝就将他贬到外地当刺史。

到了离京那天，刘义康前来向文帝辞行。文帝远远看到刘义康，想到曾经的手足情深，忍不住痛哭起来，便派使者去和他交谈。

刘义康问使者："您看我还有回到京师的可能吗？"

使者说："只恨你平时不多读点儿书！"使者的意思很明白，刘义康读书少，行事鲁莽，最终导致如此下场。

刘义康被贬到地方后，几次有人想拥立他为皇帝，反叛朝廷，却都被朝廷平定。后来，魏宋两国交战，北魏大军南下过了长江，南朝形势严峻，文帝怕有人再次利用刘义康反叛，就命人杀了他。

6

臧质送来一坛尿

元嘉二十七年（公元 450 年）七月，一心想收复中原、统一中国的宋文帝刘义隆，大举发兵讨伐北魏。起初，宋军进展得很顺利，一度收复了潼关等失地。后来，由于宋将王玄谟刚愎自用，错误地指挥战斗，导致宋军大败，自此局势急转直下。北魏太武帝拓跋焘率领十几万大军开始猛烈地反攻，他们长驱直入，一路南下，逼近彭城。

彭城是淮北重镇，自古为兵家必争之地，一旦失守，后果不堪设想。彭城接连向京城告急，文帝先命大将臧质率一万兵马火速赶往彭城救援，随后又派大将胡崇之带兵两万赶往北魏军的必经之地盱眙[1]。

拓跋焘一连攻了几天，彭城都没有攻下，又听说刘宋援军正在赶来，索性绕过彭城继续南下，来到盱眙时，恰好与先出发的臧质大军相遇。面对气势汹汹的北魏军，臧质没有轻举妄动，而是闭营不出，等胡崇之率部众到达后，他才下令迎击魏军。宋魏两军在盱眙城外展开激烈交战，北魏军虽然是虎狼之师，宋军将士却并不胆怯，个个奋力搏杀。但由于双方兵力悬殊，宋军大败，几乎全军覆没。臧质只好收拢七百余名残兵，仓皇退到盱眙城内。

盱眙太守名叫沈璞，上任没多久，却非常有忧患意识。当时，王玄谟正在围攻北魏军，长江、淮河一带平安无事。但沈璞认为，盱眙向来是交通要冲，免不了受到战火波及，现在平安不等于将来没事。所以他未雨绸缪，下令修缮城池，加固城墙，深挖壕沟，积蓄粮食，储备利箭石头，做城池一旦被围时的准备。

---

[1] 今属江苏。

他的属下都很不理解，暗地里说："盱眙太平得很，太守真是小题大做。"等到北魏大军发起反攻，势如破竹，很多州郡的官员都弃城而逃，下属们非常惊恐，纷纷劝沈璞："趁现在魏军还没有攻到，大人您不妨返回京城自保。"

沈璞淡淡一笑，说："各位不必惊慌。如果胡虏觉得盱眙是一个小城而不加理会的话，我们有什么可怕的呢？如果他们要攻打城池，这正是我报答朝廷的时候，也是各位建功立业的机会呀，我们为什么要逃走呢？"大家听了，心才稍稍安定。沈璞又在城中招募了精锐士卒两千余人，日夜训练备战。

臧质等人进入盱眙城后，受到沈璞的热情接待。臧质见盱眙城内粮食充足，器械成堆，守军纪律严谨，百姓生活井然有序，十分高兴，他的部下也兴奋得欢呼："万岁！"臧质于是与沈璞一同抗击北魏军。

北魏军队南下进犯，一向不喜欢准备粮草，都靠抢掠来维持日常用度。宋军早就摸清了他们这个特点，在大战来临之前，就坚壁清野，所以这次北魏军虽然沿路打劫，收获却很少，士兵们饥一顿饱一顿的。拓跋焘听说盱眙城有大量存粮，就打算班师回国时来这儿抢粮食。因此，拓跋焘命魏将韩元兴率领几千人监视盱眙城内的动静，自己则率领大军继续向建康逼近。臧质见北魏军主力离开，趁机进一步完善盱眙城的工事。

拓跋焘一路风驰电掣，于当年十二月攻到长江北岸。建康城内空前紧张，好在文帝早有部署，命宋军水师严阵以待。当时天气寒冷，北魏军缺少作战的渡船，而且军粮告急，将士们无心恋战，拓跋焘只好狠了狠心，下令撤兵，顺路攻取盱眙，夺取粮草。

北魏军到达盱眙城下时，将士们都又累又渴。拓跋焘听说南方盛产美酒，就派了一名使者向臧质喊话索要。过了一会儿，使者带回来几个坛子。拓跋焘得意扬扬地对左右说："臧质还算识相，这么快就把美酒送来了。快打开，我们今天要畅饮一番！"左右揭开盖子，却闻得一股浓浓的尿骚味。原来，臧质为了戏弄拓跋焘，在每一坛酒里都撒了尿。

拓跋焘气得哇哇大叫，当即下令修筑工事，还命人搬来泥土、石头填平壕沟，又在河上修筑浮桥，安排将士日夜巡逻，切断了盱眙的水陆通道。

在武力攻城前，拓跋焘打算先来一个心理战，他亲自写了一封信，派人送给臧质，还附上一把大刀。信上说："盱眙已经是一座孤城，我们马上要攻城了。这次被我派出去攻城的士卒，都不是我们本国本族人，城东北的是丁零人和匈奴人，城南的是氐人和羌人，这些部族的人，本来就是我们魏国周边的贼寇，假如你们杀掉了他们，对我们也没有什么坏处。"

臧质也不甘示弱，洋洋洒洒地回信说："难道你没有听过这样一首童谣吗？说的是'虏马饮江水，佛狸①死卯年'。你多次侵犯我朝边境，为什么还能活蹦乱跳到现在，只因卯年还没有来到。上次在盱眙城外交战，只不过是我军引着你们走上饮长江水的道路罢了。如今你的死期已到，这并不是谁能改变得了的。我奉朝廷之命前来消灭你们，原计划是要晚几天才送你归西，谁知

① 拓跋焘的小名。

道你这么着急，亲自送上门来受死，那我就成全你吧。

"佛狸小子，你尽管下令攻城吧。如果你够走运的话，应当被乱军斩杀；如果你不走运，被我们活捉，我会找一条锁链锁住你的脖子，让一头小毛驴驮着你到我们的京城建康供人观赏。自征战以来，我就抱着必死的决心，如果苍天不显灵，我被你打败，即使被剁成肉酱、碾成粉末，我也义无反顾。佛狸小子，请你好好想想，当年苻坚率百万大军前来，还在淝水吃了个大败仗，请问你的智慧、见识以及这次军队的力量，哪里超得过当年的苻坚呢？

"现在已经是春天了，我们宋国各路大军马上要汇集过来。你只管一心一意来攻城吧，千万不要逃走啊！如果你们粮食不够吃，可以告诉我们，我们不会吝啬的。你派人送来的大刀我已收到，你的意思是不是想让我挥刀斩了你呢？"

读完臧质的信，拓跋焘气得浑身发抖，他命人打造了一张大铁床，把刀尖朝上排列在铁床上，叫骂道："攻破盱眙，活捉臧质，让他尝尝这张铁床的滋味！"

臧质了解到北魏军中有不少汉人，便写了封信，射到北魏军营中，信中说："拓跋焘在给我的信上，简直不把你们当人看，他对你们纯属利用。你们本是汉人，为什么要为他卖命呢？与其垂死挣扎，不如弃暗投明！"随后，臧质又写了一封更狠的信，说："皇上有旨，砍下拓跋焘人头的，封万户侯，赏赐棉布、丝绸各一万匹。"

堂堂北魏皇帝，竟然遭受如此羞辱，看来，只能用猛烈的战火扳回点面子了。于是，拓跋焘下令对盱眙城发起疯狂进攻。

北魏军先用钩车钩住城楼，打算强攻。城内宋军见状，用铁环制成的大铁链拴住钩车，几百名宋兵合力拉住铁链，使北魏军的钩车动弹不得。等到夜幕降临，北魏军退回营中，城内的宋军放下一些大桶，桶落地后，十几名精兵从桶中爬出，砍断钩车的钩子，将钩车缴获。

第二天天亮，北魏军见钩车没了，又改用冲城车攻城。由于城墙几经修缮，异常坚固，冲城车每次冲撞，撞下的墙土也不超过几升。

十几万大军，竟然拿一座小城没办法？拓跋焘偏不信邪，下令改用肉搏战术攻城。他把魏兵分为几个梯队，轮番往城墙上爬，从城上摔下后又继续向上爬。宋军不断从城墙上放箭、扔石头，死伤的魏军士卒不计其数，尸体堆积得与城墙一样高，却仍然没能攻下这座城。

一转眼，三十天过去了，盱眙城毫发未损。这时，北魏军中流行起了瘟疫，探子又报告说刘宋水军已经进入淮河，彭城守军准备切断他们回国的道路，拓跋焘生怕再耗下去北魏军会输得更惨，只得下令撤军。盱眙之危因此解除。

这次宋魏之战，给宋国的沿途州郡带来深重的灾难，被北魏军扫荡过的郡县全都一片荒芜，被杀死或杀伤的宋人不计其数，刘宋从此由盛而衰。北魏也在此战中消耗巨大，死伤过半。南北双方谁也没有能力消灭对方，就此陷入长期的对峙局面。

7

疯狂的宦官

"虏马饮江水，佛狸死卯年。"这首童谣充满了对北魏太武帝拓跋焘的诅咒。公元452年，也就是北魏南征刘宋的第二年，拓跋焘真的死了，但他不是被诅咒死的，而是死于一个名叫宗爱的宦官之手。

拓跋焘四处出兵，开疆拓土，的确取得了不错的战绩。可是由于常年征战，北魏国力渐渐空虚，朝廷内部经常发生变乱，老百姓怨声载道。晚年的拓跋焘脾气暴躁，喜怒无常，经常冲动杀人。每次杀人之后，拓跋焘总是追悔莫及。但是当类似的事情再次发生，他又控制不住自己，照样做出一些过激的举动，北魏大臣都非常惧怕，不敢与他接近。久而久之，拓跋焘几乎成了孤家寡人，只有中常侍宗爱最得他的宠信。

宗爱本是一名出身卑微的宦官，为人狡诈，很懂得察言观色。受到拓跋焘的宠信后，他就经常干一些不法勾当，为自己谋私利，这引起了太子拓跋晃的反感。拓跋晃的近臣仇尼道盛、任平城也很讨厌宗爱，私下掌握了不少他违法乱纪的证据。宗爱害怕他们到拓跋焘面前揭发自己，又担心将来拓跋晃当上皇帝后自己会遭殃，便打算来一个恶人先告状，除掉仇尼道盛和任平城，顺便把拓跋晃也拖下水。

这天，拓跋焘正在殿中喝闷酒，一杯接一杯。宗爱见他喝得有几分醉了，就凑到他耳边说："皇上，前些时候您北征柔然，仇尼道盛和任平城教唆太子干了很多不法的事情，全国上下民怨沸腾，对太子也议论纷纷。为了大魏江山，皇上您要管管呀。"

拓跋焘双眉一挑："竟有这样的事？你详细说给我听听。"

宗爱便添油加醋地说了起来。拓跋焘听得勃然大怒，猛地将手中的酒杯往墙上一摔，骂道："岂有此理！太子竟然宠信这种奸邪小人！他们不好好辅佐太子学习治国之道，反而教唆他干坏事、谋私利，真是不想活了！立即传旨，将他们二人斩首，马上彻查参与此事的东宫官员。"

宗爱心中暗自得意，表面上却不动声色。第二天，仇尼道盛与任平城等人被绑到街市上斩首示众，太子东宫有不少官员被牵连进去，也都被斩首。

杀完东宫的这些人，拓跋焘仍然余怒难消，每次见到拓跋晃都没有好脸色，有时候还劈头盖脸训他一通。拓跋晃每次都战战兢兢，很快就抑郁得病，没多久就一命呜呼了。

拓跋晃聪明好学，为政精明。拓跋焘几次出征，都留他在朝中处理政务，他总是处理得井井有条。拓跋焘便觉得他才能出众，遇到大事总要与他商量。拓跋晃去世时才二十四岁，拓跋焘很伤心，后来查明拓跋晃并没有做违法的事，他更是悔恨交加。

这天，拓跋焘在殿中喝闷酒，拓跋晃十二岁的儿子拓跋濬来了。拓跋焘见孙子虎头虎脑，聪明可爱的样子，想起拓跋晃小时候也这样招人喜欢，不禁潸然泪下。

小拓跋濬非常懂事，立马爬上拓跋焘的膝盖，伸手擦去他脸上的泪水，天真地问道："爷爷，您为什么要哭呢？"拓跋焘听了，一把将拓跋濬搂在怀中，喃喃地说："爷爷做了一件错事！"

此后，拓跋焘常常追思拓跋晃，动不动就迁怒于身边的人，打骂责罚是家常便饭，宫里人都小心翼翼的。宗爱见拓跋焘酒越喝越多，脾气越来越暴躁，生怕他哪天追究起自己的责任，干脆铤而走险，把拓跋焘杀死了。

北魏正平二年（公元452年）二月的一个早上，宗爱缓步从宫中走出，神情凝重地宣布："皇上驾崩了！"

皇帝突然死亡，竟然没有人追查死因？因为当下还有一件更重要的事情。拓跋焘暴亡，太子也去世，北魏国没有法定继承人。所谓国不可一日无君，北魏重臣兰延、和疋、薛提等人便聚在一起商量新皇帝的人选：和疋等人认为皇孙拓跋濬年纪太小，不能胜任皇帝之位，打算拥立年龄稍大的秦王拓跋翰，薛提则认为拓跋濬是嫡亲皇孙，不应该废黜。大家讨论来讨论去，始终决定不下来。

宗爱见暂时没有人追究拓跋焘的死因，暗暗松了一口气。当他得知大臣们为了立新皇帝意见不统一时，心里又盘算开了：拓跋晃死于他之手，那么拓跋濬即位后找他算账是早晚的事情，所以不能让拓跋濬当皇帝。而他也一向讨厌拓跋翰，在诸位亲王中，他只跟南安王拓跋余关系密切，立拓跋余为皇帝比较有利。宗爱打定主意，先把拓跋余秘密迎到宫中，然后假传皇后的命令召兰延等人入宫。

兰延等人都觉得宗爱只是一个地位低微的宦官，没有任何怀疑就进宫了。他们刚踏进宫门，三十个埋伏在暗处的宦官手持武器冲了出来，须臾之间就将他们砍倒在地。紧接着，宗爱又把拓跋翰杀掉，拥护拓跋余登基。

拓跋余心知肚明，他能当皇帝完全是宗爱的功劳，便任命宗爱为大司马、大将军，大加赏赐。

拓跋余不太喜欢过问朝政，他纵情声色，经常喝得酩酊大醉，又喜欢去野外狩猎。于是，宗爱就独揽国家大权，在宫中安插了很多亲信。自此，他骄纵放肆，一天比一天厉害，动辄对公卿大臣呼来喝去。大臣们苦不堪言，经常有人私下到拓跋余面前告状。

拓跋余听多了，心里很不安，便与两名近臣商议，打算剥夺宗爱的大权。哪知此时宫中都是宗爱的眼线，宗爱很快就知道了，他恨得咬牙切齿，暗道："当初要不是我，你拓跋余还能当上皇帝？既然你容不下我，那你就等着人头落地！"

这年十月的一个晚上，拓跋余去东庙祭祀，被宗爱安排的几名小宦官给刺死了。事后，由于没有合适的皇帝人选，宗爱一直封锁消息，只有负责皇宫禁卫工作的将领刘尼知道皇帝已经死了。

刘尼对拓跋氏忠心耿耿，但他畏惧宗爱的权势，便假装依附，对宗爱说："事已至此，还是拥戴皇孙做皇帝比较好。"

宗爱大吃一惊，说："你这个傻瓜，不动脑子想想，如果皇孙被立为皇帝，将来他肯定要追究当年太子去世的事！"

刘尼问："那应该立谁为皇帝呢？"

宗爱说："我们先回宫，在各位亲王中挑一个贤能的人做皇帝。"

刘尼悄悄去找大臣源贺，将事情一五一十地告诉他。源贺又找来南部尚书陆丽商量说："宗爱拥戴南安王做了皇帝，又把他杀了，现在又不让皇孙登基。事关社稷江山，如果再由宗爱这样胡搞下去，我们魏国恐怕有大灾难啊。"陆丽也很忧虑，两人商量了很久，决定联合朝中重臣长孙渴侯，共同拥戴皇孙拓跋濬登基。

事不宜迟，源贺与长孙渴侯等人迅速行动。他们率禁军严密把守皇宫，派刘尼、陆丽将拓跋濬抱在马上，进入京城。源贺、长孙渴侯打开宫门，迎接拓跋濬一行。

刘尼策马奔回东庙，大声呼喊说："宗爱谋杀了南安王，大逆不道，现在嫡皇孙已经登上了皇位，召宿卫士卒马上回宫。"

宗爱骄横霸道，为所欲为，卫士们早就对他一肚子怨气，听说皇孙即位，都高喊"万岁"，表示愿意拥戴，接着他们拥向宗爱的住处，将他绑了个结实。

拓跋濬顺利即位，这就是北魏第五位皇帝——文成帝。当上皇帝后，拓跋濬做的第一件事就是斩杀宗爱，并诛其三族。这位曾经翻云覆雨、诛杀北魏两位皇帝的宦官终于得到报应，老百姓都拍手称快。

接着，拓跋濬下令减轻徭役、降低赋税，让老百姓休养生息。他还派出了大量使者，走访民间，了解百姓疾苦，采取相应措施。老百姓从常年征战中解脱了出来，终于民心安定。拓跋濬在位十几年，对外战事很少，与当时南朝宋国频繁互派使者，和平相处。在他的治理之下，北魏变得更加强大了。

8
刘劭弑父夺皇位

元嘉三十年（公元 453 年）二月的一天，建康城里阴雨绵绵，寒意逼人。宋文帝刘义隆站在窗前，静静地注视着地上的落叶，一种疲惫感油然而生。为了太子刘劭与次子刘濬的事，他已经连续几天与大臣徐湛之秉烛密谈，却始终没有商量出一个满意的结果。

当初，文帝非常宠爱这两个儿子，真是要星星不给月亮，尤其太子刘劭，文帝对他寄予厚望。无奈刘劭不思进取，成天与刘濬鬼混在一起，兄弟俩不光吃喝玩乐，还做了许多伤风败俗的事情。文帝知道后非常生气，大声训斥他们。次数多了，刘劭就经常与刘濬一起抱怨文帝。与他们交往密切的女巫严道育知道后，就说："我可以为你们分忧，只要我施展一种法术，皇上就无法知道你们兄弟俩的所作所为。"刘劭与刘濬信以为真，便让严道育做法。

严道育的法术有没有效果不知道，反正过了一段时间，刘劭又烦恼起来，他觉得文帝占着皇位实在太久了，他这个太子还不知道要熬到猴年马月才能上位呢。于是，他又听从严道育的蛊惑，叫人刻了一尊文帝的雕像，天天对着它念经诅咒，说："祈求上天保佑，父皇早一点儿死，我早一点儿当皇帝。"不料，这件事情被人揭发，文帝大怒，立即派人四处抓捕出主意的严道育。对于两位儿子，文帝却不忍心惩罚，只是斥责一通。

万万没有想到，刘劭和刘濬竟然无视文帝的搜捕令，悄悄将严道育藏了起来。文帝震怒之余，又伤心不已，这次，他打定主意不再姑息，要狠狠惩罚这两个儿子。于是，一连几天他都和大臣王僧绰、徐湛之、江湛等人商议废黜太子刘劭，并赐刘濬自杀之事。对此大家都没有意见。可是，在立谁为新太子的问题上，几名大臣都存了私心，他们都想拥立与自己关系密切的亲王。徐湛之想立文帝的六子刘诞，江湛想立文帝的四子刘铄，文帝则想立自己一向疼爱的七子刘宏，又担心不符合长幼次序。商量了几天，事情仍定不下来，文帝很焦虑，每天都召徐湛之进宫密谈，有时候甚至是整天整夜不让他出宫。为了提防有人偷听，文帝经常让徐湛之亲自举着蜡烛，绕着墙壁检查。

这天，徐湛之刚离宫，疲惫不堪的文帝站在门前，看着寒雨中飘落的枝叶，觉得孤独极了。当了近三十年皇帝，文帝太熟悉这种高处不胜寒的感觉了。每当这时，文帝都渴望找一个亲近的人说说话，而每次他都习惯性地去找刘濬的生母潘淑妃。

潘淑妃听说文帝驾临，殷勤地出门相迎，见文帝脸色凝重，一言不发，便小心翼翼地扶他进了屋，命宫女赶紧沏上一杯热茶，亲自端给文帝。

文帝啜了一口热茶，这才开口道："气死我了！"

潘淑妃一边上前帮文帝捶背，一边温柔地问："皇上，什么事让您这么烦心啊？"

不问还好，潘淑妃这一问，又把文帝的怒火给激起来了，他将杯子往桌上重重一放，说道："你教的好儿子！这次怎么也不会饶了他！"

潘淑妃心中一惊，小心地说："皇上息怒，自从上次严道育的事情被揭发之后，濬儿改了很多，每天都好好读书。"

文帝没好气地说："哼！改什么改？他与太子私藏严道育，被人告发，人都抓住了，他们之间秘密往来的书信都被搜到，还有什么可说的？"

潘淑妃吓得花容失色，"扑通"一声跪在文帝面前，不住地叩头，说："皇上息怒！皇上开恩！"

文帝看到潘淑妃哭哭啼啼的，不由得长叹了一口气，过了一会儿，他又狠下心来，恶声道："刘劭想当皇帝，盼着我早死，我可以理解。可刘濬怎么也跟着瞎闹……我死了，你们母子俩怎么办呢？这次，我再也不能容忍这两个逆子。本来这事不能跟你说，唉……"说完，就拂袖而去。

潘淑妃了解文帝，知道他是动了杀心，当即叫人找来刘濬，将文帝的打算告诉了他，又哭着对他说："濬儿，你是不是想逼死你母亲啊？你怎么敢把严道育窝藏起来？皇上气得不得了，这次肯定不会饶你们。既然这样，我活着还有什么意思呢？不如你端杯毒药过来，我先自杀，因为我实在不忍心看着你先我而去啊！"

刘濬一听父皇要杀自己，惊得跳了起来，过了好一会儿，才对潘淑妃说："天下大事都要靠自己来解决，我希望母亲您能放宽心，我肯定不会连累您。"说完，他头也不回地出了宫。

刘濬立刻去找刘劭商量对策。刘劭一向狡猾而勇猛，又自诩有才，心想："既然父皇无情在先，那就休怪做儿子的无义了。"他召来心腹陈叔儿、张超之等人谋划刺杀文帝，起兵叛乱。

当初，文帝为了防范皇室内部发生变乱，特别加强了东宫的兵力，让东宫的兵力和羽林军的兵力不相上下，达到了一万人。刘劭又一向好武，平时还命张超之特别豢养了两千多名死士。这次叛乱，这些兵力正好可以派上用场。刘劭深知，事情要胜利，就要倚仗这些东宫卫队，因此每天都好酒好菜犒劳他们，有时甚至亲自前来敬酒。卫队的将士纷纷表示愿为太子效死力。

行动前一天，刘劭伪造了文帝的诏书，说自己受召带兵入宫。接着，他召集东宫卫队队长，声称有紧急征讨任务，让他们随自己入宫，又命令张超之集合所有死士，全副武装跟上。

第二天清晨，刘劭外穿朝服，内穿戎装，乘车进宫。这时，皇宫宫门还未打开，刘劭拿出伪造的诏书，对守宫门的卫兵说："奉皇上旨令，进宫讨伐叛逆。"卫兵们见是太子亲临，又有皇帝诏书，以为宫中发生了紧急事件，赶紧打开宫门让他们进去。

刘劭的军队就这样堂而皇之入了宫。按照事先的部署，张超之等几十人从云龙门潜进了斋阁，直接来到大殿，而值班的卫兵正呼呼大睡。文帝头一天夜里和徐湛之秘密商谈直到第二天清晨，这时刚刚躺下，架子上的蜡烛还没有熄灭。

文帝正睡得迷糊，突然听到异响，便警觉地睁开双眼，惊愕地发现张超之正举刀向自己砍来。文帝来不及多想，立刻举起身旁的床几往胸前一挡，刀砍在他的手上，五根手指全部被砍掉了，顿时鲜血直流。文帝"哎哟"了一声，疼得昏死过去。张超之上前又是一刀，就这样把文帝杀死了。

这时，刘劭也进了殿，他见文帝死了，长长地松了一口气，立即下令对值班的几位大臣、禁军宿卫，展开血腥屠杀。

太阳徐徐升起，金色的阳光照着檐下一摊摊鲜血，无比刺目。皇宫卫队的许多将领见状，纷纷放弃抵抗，只有一名叫卜天的将领大声呼唤："皇上遇刺，快随我迎战！"可惜只有一队卫兵与他一起加入战斗，终因寡不敌众，被张超之等人杀死。

刘劭又派人闯入后宫，杀了潘淑妃以及文帝的亲信，共计几十人。同时，紧急传召刘濬进宫。

刘濬知道事情成功了，立即入宫。一见面，刘劭轻描淡写地说了一句："你母亲被乱兵所害。"

刘濬冷漠地说："哦，这正是我一直盼望的事。"

接着，刘劭又伪造文帝的诏令，征召大将军刘义恭、尚书令何尚之入宫，等他们来了，就全都囚禁了起来。随后，他又召集文武百官，准备宣布自己登基即位。可是过了很久，才来了二十多名官员。刘劭也顾不了那么多，他好不容易挤出几滴眼泪，说："徐湛之、江湛二人图谋反叛，弑杀了父皇。只怪我知道得太晚，救驾来迟，真令人肝胆欲裂哇。好在作恶的暴徒都被我诛杀。"事情太突然了，众臣惊得不知如何好，只好听从了刘劭的安排。

刘劭篡位后，对文帝的第三子、手握重兵的武陵王刘骏十分忌惮。他秘密写信给大将沈庆之，让他杀死刘骏，夺其兵权。沈庆之认为刘劭作恶多端，不想为他效力，便主动去见刘骏。刘骏很害怕，以生病为借口拒绝和他见面。沈庆之却突然闯了进去，把刘劭的信拿给刘骏看。刘骏以为沈庆之是来杀自己的，吓

得身子直颤抖，哭着请求沈庆之允许他到内室跟自己的母亲诀别。

沈庆之说："我承受先帝的厚恩，誓死效忠，殿下您为什么对我有如此重的疑心呢？"

刘骏这才明白沈庆之的立场，立即起身拜谢了两次，然后说："个人和国家的安危，全在将军您身上了。我决定讨伐刘劭。"

沈庆之于是花了十天时间帮助刘骏把军队内外事务整办好了，全军进入临战状态。

到了出发这天，刘骏举行了誓师大会，为这次讨伐造势鼓气，并向四方发布讨伐檄文。各州郡接到檄文，纷纷起兵声援刘骏，共同讨伐刘劭。

刘劭起初很自信，觉得刘骏根本不是自己的对手，等到听说四方起兵声援，讨伐大军已经直扑建康而来时，他就害怕起来，下令全城戒严，并调集所有将士，准备拼死一搏。

讨伐大军进城后，与刘劭的军队发生激烈的交战。刘骏的将士斗志高昂，越战越强，最终大破刘劭军。

一场宫廷动乱就此画上句号，朝臣们都松了一口气，以为可以回归正常了。然而，杀戮一旦开始，就再也停不下来。

9

广陵城燃起三把火

刘骏在众将士的拥戴下即位称帝。他就是宋孝武帝。不过，自从当上皇帝，刘骏的心里就一直不踏实，总觉得昨天自己杀了哥哥刘劭、刘濬，夺得皇位，明天自己有可能被其他实力强大的兄弟杀害，失去皇位。

所以，刘骏即位之初就开始打压、排斥他的所有兄弟①。他先暗示有关部门上奏裁减王侯们的待遇，规定明确的礼仪，接着开始逐一剪除刘氏宗室势力。

最先被刘骏盯上的是亲叔叔刘义宣。刘义宣驻守

---

① 刘裕建立刘宋以后，吸取东晋司马氏灭亡的教训，积极打击门阀士族的势力，复兴皇室的权力，使刘宋宗室的力量得到迅速的扩张，这也是当初刘骏讨伐刘劭能够成功的重要原因。

荆州十年，兵强马壮，财力雄厚，在诛杀刘劭时又立下大功，受到重赏。可是，当刘骏提出将他召入京城任职时，刘义宣死活不肯离开荆州，刘骏畏惧他手中的兵力，只得妥协。

刘义宣本来就狂妄自大，从此更加肆无忌惮，渐渐地连刘骏这个皇帝也不放在眼里。后来，他在大将臧质的鼓动下，联合荆州附近的四州势力，宣布起兵反叛朝廷。好在刘骏很有军事头脑，他调兵遣将，派出刘宋最能打仗的老将沈庆之、柳元景、朱脩之等人，分兵抵御，终于将这场叛乱平定，把刘义宣以及他的十六个儿子全部诛杀。

灭了最难搞的叔叔后，其他人就相对容易了。刘骏找了个理由，赐死了一向与自己不和的南平王刘铄。过了两年，他又将年仅十七岁的武昌王刘浑逼得自杀。如此一来，刘宋宗室中对皇位比较有威胁的就剩下刘骏的六弟刘诞了。

刘诞生性仁厚，待人温文有礼，在诛杀太子刘劭和讨伐刘义宣中都立下了大功，许多大臣都暗暗向着他。刘骏对这个弟弟既害怕又猜忌，先是让他镇守京口，后来又觉得京口离建康太近，将他调到了广陵。

对于刘骏的百般猜忌，刘诞心里明白得很，他不甘心坐以待毙，私下做好了谋反的准备。他在广陵招募了许多有才能的人，打造了精良的盔甲、锋利的刀剑，又利用北魏大军入侵的时机，组织民众修筑城墙，疏通护城河，积蓄粮草。

刘诞的一名下属察觉到他有谋反的企图，心里害怕，就悄悄进京向刘骏告发。刘骏很生气，下诏降低刘诞的爵位，并要他回自己的封国。诏书还没有颁下，刘骏就把羽林军交给大将垣阆，让他联合大将戴明宝，以前往驻地路过广陵城的名义，带兵突袭刘诞。

所谓来者不善，善者不来。刘诞敏锐地察觉到情况异常，立刻召集人马，宣布进入临战状态。垣阆的军队一到，刘诞就亲自指挥士兵列好队形，开门迎战。一番较量后，垣阆被杀，士卒逃散。戴明宝吓得魂飞魄散，抄小路逃回了建康。

刘骏见到狼狈不堪的戴明宝，反而暗自高兴："终于有理由公开讨伐刘诞了。"于是他启用老将沈庆之，让他率大军北上攻打广陵。

沈庆之还在路上，刘诞就亲笔写了一封信，派沈庆之的同族人沈道愍去沈庆之那里游说，还送给沈庆之一把玉环刀。沈庆之向沈道愍列举了刘诞的种种罪状，又将沈道愍送了回去。

刘诞知道一场苦战在所难免，便放火烧了附近的城池、村落，将老百姓全部赶到了广陵城内，然后闭城坚守。同时，他又分别让人送出文告，邀请远近人士起来响应。

刘诞的将士听说朝廷大军将至，都很担忧，刘诞为了安抚众人，谎称："我们在这里坚守城池，很快平西将军宗悫会率兵前来援助我们。"当时宗悫因为屡立战功，名望很高，众人听了都很振奋。

沈庆之的大军日夜行军，很快来到广陵城下。刘诞站在城墙上，把一封奏章射到了沈庆之面前，并大声喊道："沈将军，麻烦您将这封信呈送给皇上。"信上说："皇上听信奸人谗言，派无名小辈偷袭我。我不能忍受这种冤屈，因此把他们诛杀了。蝼蚁尚且贪生，今天我将亲自率领部下，誓死保卫驻地。您我一同生在了帝王之家，请您扪心自问，当初我们和睦友爱，现在为什么反目成仇？既然您容不下我，我只好率领将士们拼死一搏了。"

沈庆之派人把信送往京城。刘骏读后勃然大怒，下令将刘诞留在建康城内的心腹全都抓起来杀头。

接着，刘骏颁下诏令，宣布全国进入戒严状态。为了防止刘诞被逼急了投奔北魏，他命沈庆之切断了刘诞的逃路。

大将宗悫听说刘诞起兵叛乱，便上表朝廷请求平叛，他还亲自乘驿马入朝，当面接受皇帝的指示。为了表现自己的勇武，他在殿前纵身跳跃数十次。刘骏很高兴，就同意了。

宗悫抵达广陵后，听说了刘诞骗手下将士的事，特地骑着高头大马，缓缓绕城一周，大声向城内呼喊："我就是宗悫！我与叛军势不两立！"

正好，刚刚结束与北魏战事的大将垣护之、殷孝祖班师回朝，途经广陵，也受命与沈庆之一起平定叛乱。

刘诞看着城外黑压压的各路平叛大军，有点儿心虚，他亲自向沈庆之喊话说："沈将军，您已经一大把年纪了，头发胡子都白了，本应在家中享清福，何苦到这里来呢？"

沈庆之捋了捋胡子，毫不客气地说："皇上认为你狂妄愚蠢，让我这个老头子来对付足够了，朝中那些青壮年有更重要的事情要做。"

广陵城的将士们见朝廷军队声势浩大，宗悫也不是来支援广陵的，无不万分沮丧。刘诞为了鼓舞士气，亲自在城中筑起一座高台，杀鸡宰牛，与众将士歃血为盟，并给每个官员都升了一级。

刘诞又派人给沈庆之送去饭菜和美酒，一百多人抬着从北门出来，大声说："沈将军，我们王爷说大军远道而来，兵疲马乏，这些美酒佳肴是特意犒劳你们的。"

"少来这一套！"沈庆之嗤之以鼻，他连看都没看，就让士兵把那些东西全部扔进江中。

刘诞压下心中的怒火，又拿了一份奏章站上城楼，对沈庆之说："这是我的肺腑之言，请沈将军代我呈送给皇上。"

沈庆之冷冷地说："我是来讨伐叛贼的，不是来替你呈送奏章的。你如果打算回朝廷接受死罪，就应该打开城门投降，我可以护送你前往京城领罪。"

话说到这份上了，双方都知道接下来就是打了。然而，就在沈庆之让人架起攻城楼车，准备发起猛烈攻势时，天公不作美，下起了连绵大雨，将士们无法攻城。

这次出征前，刘骏让沈庆之在广陵附近建造了三座烽火台，约定攻克了广陵外城点燃一堆烽火，攻克了广陵内城点燃两堆烽火，如果活捉了刘诞，就点燃三堆烽火。

刘骏在建康等了很久，却一堆烽火也没有等着，焦虑之余，便一封接一封地下达诏书，督促沈庆之进攻。沈庆之真是有苦难言，他派使者回京解释："江南正是梅雨季节，今年雨水又特别多，从四月一直下到七月，不具备攻城的条件。"

刘骏大怒，对使者说："再不攻城，我就亲自渡过长江去讨伐刘诞。"为了逼沈庆之攻城，刘骏一边让人上书罢免沈庆之的官职，一边下诏说不追究沈庆之攻城无果的责任。

在刘骏恩威并施之下，沈庆之只得豁出去了，亲自率领将士向广陵城发起猛攻。他虽然年纪大了，但老当益壮，战斗时一直身先士卒，不顾迎面飞来的石头、箭矢，奋力向前冲杀。在沈庆之的带动下，朝廷将士个个奋勇当先，很快攻克了广陵外城。沈庆之命人点燃一堆烽火报信，转身又率大军乘胜追击，不久，又攻克内城。

刘诞手下将士见内外城都被攻破，纷纷缴械投降。刘诞逃到后花园，被沈庆之手下将领沈胤之追上。只听"哎呀"一声，刘诞被沈胤之砍中后背，又听"扑通"一声，慌不择路的刘诞掉到了水里。沈胤之把他捞上来后，干脆利落地斩了他。

广陵的三把烽火都熊熊燃起，火光让梅雨季节的阴霾一扫而空，刘骏终于松了一口气。诛灭刘诞后，刘骏进一步加强了对皇族宗室的控制，降低他们的待遇，限制他们的权力，使宗室的力量开始衰弱，也加剧了宗室与朝廷的矛盾，从而引发刘宋国内无休止的内讧，最终为刘氏王朝灭亡埋下深深的隐患。

10

从"猪圈"里爬出来的皇帝

泰始元年（公元465年）冬，刘宋皇宫的大殿内，不时传出噼啪噼啪的鞭打声，伴随着断断续续的呻吟声。殿内灯火通明，照着三只特制的竹笼，其中两只笼子里各关着一名男子，另一只笼子是空的，笼子前的地面上，趴着一名身形肥胖、披头散发的男子，他旁边那位衣着华贵的少年，正是当朝皇帝刘子业。

刘子业一鞭一鞭地抽打那名肥胖男子的背，脸上露出邪恶的笑，过了一会儿，他将鞭子扔在一边，一屁股坐在椅子上，嚷嚷道："朕累死了。"

歇了一会儿，他转过头来，朝旁边的侍卫说："宗越，给这只'猪王'准备猪食！"

那名叫宗越的侍卫麻利地掀开笼子前面一块挖了圆孔的木板，板下是一人高的土坑，里面灌满了污水。宗越先是将那名被称为"猪王"的男子的衣服剥光，然后把他推下坑中，等他的肩与地面齐平，又将木板套在他的脖子上。这时，左右侍从抬来一个长长的木槽，往里面倒了一些米饭、青菜叶子，还有一些糠，然后胡乱搅拌了几下，放在"猪王"面前，喝道："要活命就赶紧吃！"

"猪王"听到命令，用嘴去够那个木槽里的"饭菜"。他吃了两口，抬起头来，半张脸被凌乱的头发遮住了，头发上沾了不少饭粒与汤汁，接着又低下头继续吃，还发出很大的咀嚼声，似乎吃得津津有味。汤汁顺着他的嘴角往下淌，他呵呵地笑了起来，看上去痴痴傻傻的。

刘子业觉得很滑稽，哈哈大笑道："这只肥猪太好玩了！"旁边的卫士也肆无忌惮地笑了起来。

堂堂皇宫大殿，怎么会沦为如同儿戏的"猪圈"，又从哪里来的"猪王"？这一切，要从宋孝武帝刘骏病逝说起。

刘骏死后，太子刘子业即位。刘子业小时候就以凶残粗暴闻名，刚当皇帝时，他顾忌着母亲王太后、顾命大臣戴法兴等人，还有所收敛。等到王太后病逝，刘子业便不再掩饰狂妄变态的本性，动不动就杀人取乐。

戴法兴很担忧，经常规劝刘子业，有时候还威胁他说："你难道想当营阳王吗？"当初，少帝刘义符即位后因为行为不端，被徐羡之等大臣废黜，先是贬为营阳王，后遭到诛杀。刘子业听到这种威吓，自然很不高兴，就找了个机会免了戴法兴的官职，不久又命他自杀。

少了戴法兴的管束，刘子业发现他这个皇帝当得更舒服了。这提醒了他，要想彻底舒服，就得将仍然把持朝政的宗室旧臣统统除掉，尤其是刘义恭、颜师伯、柳元景、沈庆之这几个人，他们声名显赫，权倾朝野，实在是太碍事了。

说干就干，刘子业亲自率领羽林军杀了刘义恭和他的四个儿子，接着杀了柳元景、颜师伯、沈庆之等人。此后的一年多的时间里，刘子业又把朝中其他旧臣或诛杀或放逐，弄得人心惶惶。

　　旧臣诛杀完了，接下来就轮到刘氏宗室遭殃了。当时，湘东王刘彧、建安王刘休仁、山阳王刘休祐都年富力强，实力雄厚，又都曾经镇守一方，政治经验丰富，因此被刘子业视为心腹大患。

　　其中湘东王刘彧是最让刘子业不放心的，他是文帝刘义隆的第十一子，也就是刘子业的叔父。因为母亲早死，刘彧从小由刘骏的母亲抚养。刘骏即位后，刘彧凡事忍让，两人关系比较好，所以当年刘骏大肆诛杀兄弟，刘彧却逃过一劫。

　　刘子业将这几位叔父都召到建康，软禁在宫殿内，经常戏耍侮辱他们，他走到哪儿，就让人用链子拴着他们跟到哪儿。他还将三人分别称重，逐一起外号：刘彧最胖，被称为"猪王"，刘休仁是"杀王"，刘休祐则叫作"贼王"。

刘子业动不动就扬言说："什么叔父？我早晚要杀了你们！"幸亏刘休仁机智风趣，擅长讲笑话，经常把刘子业逗得开怀大笑，刘彧也以装疯卖傻自保，三人才得以暂时保住性命。

这天，刘子业也是突发奇想，想到一个让叔父们吃猪食的新玩法。尽兴之后，他便带着众侍卫扬长而去。

过了几天，没有儿子的刘子业听说大臣刘矇的小妾即将生孩子，竟然异想天开地将这名小妾接到后宫，打算等她生下男孩，就立为太子。

正当他想得美滋滋的时候，一名亲信跑来报告说："皇上，现在民间都在传'湘中出天子'的谣言呢！"

刘彧就是湘东王，湘州是他的封地，这不是说刘彧要做天子嘛。平白无故的，怎么出了这种谣言？刘子业很不高兴，打算先杀了刘彧，再到湘州巡视一圈，平息流言。主意打定，他阴冷冷地说："走，我们杀猪去。"

刘子业在众侍卫的前呼后拥下，来到关押三位亲王的"猪圈"前。他下令将刘彧剥光衣服捆起来。两名太监立刻上前，把刘彧剥了个精光，捆得跟粽子一样，并拿出早已准备好的木棍，只等刘子业一声令下，就将刘彧抬到外面杀了。

危急关头，笼子里的刘休仁突然轻轻地笑了起来，说："皇上，猪不该杀。"

刘子业眼睛一瞪，大声问："为什么？"

刘休仁满脸讨好地说："等到您的皇子生下来再杀了猪比较好，到时候呀，命人掏出猪的肝啊、肺啊，炒了下酒庆贺，岂不美哉！"

"啊呀！这真是一个好主意！暂时将这只猪留着！"刘子业欣然采纳，转身带着众人出了殿。

死里逃生的刘彧又被关进笼中。他环顾左右，确定没有人监视，便对刘休仁说："这次多亏你，我才侥幸逃过一劫，如果再不采取措施，我们迟早会死在刘子业这个魔王的手中！"

刘休仁犯愁了，说："我们被关在这里，能怎么办呢？"

刘彧想了想，说："听我的安排。"

不久，刘彧的心腹阮佃夫、李道儿等人买通宫中侍卫，前来探望刘彧。他们暗中联系平时对刘子业不满的卫兵寿寂之、姜产之等十一人，让他们密切关注刘子业的一举一动，一旦时机出现，随时动手。

几天后，刘子业到华林园的竹林堂游玩，他让宫女们脱了衣服在林中追逐打闹。正玩得开心，几名宫女惊慌失措地从林子里跑了出来，连声说道："竹林里有女鬼！竹林里有女鬼！"刘子业心里"咯噔"了一下，想起一个月前发生的事。

一个月前，刘子业曾经在竹林里杀了一名不听话的宫女。当天晚上，他就梦见这名宫女痛骂自己："刘子业，你悖逆无道，滥杀无辜，活不过今年！"把刘子业惊出了一身冷汗。第二天，他就把一名与梦中人长得相像的宫女给杀了。可是杀人并不管用，他仍然不断做那名宫女向他索命的噩梦。

所以，这时刘子业听说竹林里有女鬼，不禁害怕起来，但他强作镇定，对众人说："今晚我们到林中射鬼！"

这天晚上，刘子业将所有的侍从、卫兵都赶走，和一群女巫，还有宫女，大概有几百人，来到竹林堂射鬼。在林中狂射了一阵，刘子业折腾得有点儿累了，便让宫女们跳舞奏乐，他闭上眼睛，打算让绷紧的神经放松一下。

　　此时，早已得知刘子业动向的寿寂之、姜产之等人，正埋伏在林子里，他们看准时机，果断持刀冲向刘子业。刘子业听到异响，睁开眼睛，蒙眬中，看见一个人影举刀向自己砍来，他以为是梦里那个女鬼，忙拉开弓箭，射向"女鬼"，结果没射中。刘子业正准备射出第二箭，"女鬼"已经扑了上来，他这才看清对方不是"女鬼"，而是自己的贴身卫兵寿寂之。宫女们都尖叫着四散逃跑。刘子业也跟着跑，边跑边喊了三声："寂寂！"第三声刚喊完，他的人头已经落地。

　　寿寂之拎着鲜血淋漓的人头，对闻讯赶来救驾的宿卫宣布："湘东王奉太皇太后的诏令，铲除生病发狂的皇上，现在已经平定。"

　　众人看着刘子业的人头，既恐惧又迷惑，不知道到底发生了什么事情。恰在此时，被解救出来的刘彧和刘休仁、刘休祐也赶来了。刘休仁见计划进展顺利，不由分说就向刘彧叩头，嘴里说："微臣拜见皇上！"接着，他拉着刘彧往西堂奔去，请他坐上皇帝的御座，下令召见文武百官。

铲除刘子业虽然在计划中，当皇帝却太突然了，刘彧毫无准备，奔跑中连鞋都不知丢在哪儿了，只好光着脚坐在御座上。过了好一会儿，大臣们匆匆赶来，刘休仁便向他们宣称奉太皇太后诏令，废黜刘子业，命湘东王刘彧继承帝位。

刘彧就这样因祸得福，坐上皇帝宝座，成为刘宋第七位皇帝。这就是宋明帝。

11

十八岁做太上皇

北魏经过几十年的治理，国力日渐强大，这与北魏明君较多有关，比如拓跋珪、拓跋嗣、拓跋焘。他们在位期间都开疆拓土，大有作为。然而，北魏皇帝有一个共同的弱点：寿命太短。拓跋珪活了三十九岁，拓跋嗣活了三十二岁，拓跋焘活了四十五岁。因此，这一年，当一向勤于国事的文成帝拓跋濬很久没有处理朝政时，国内一片担忧，都在猜测他是不是病了。

很快，众人的担忧成了事实。北魏和平六年（公元 465 年），拓跋濬因病去世，年仅二十六岁，没能打破北魏皇帝短命的魔咒。太子拓跋弘即位，成为北魏第六位皇帝——献文帝。

拓跋弘当时年仅十二岁，尊养母冯皇后为皇太后。冯皇后出身于北燕皇族，饱读汉家诗书，聪明大度，很受拓跋濬的宠爱，立为皇后。当年，北魏开国皇帝拓跋珪为防母以子贵，专擅朝政，就学习汉武帝赐死钩弋夫人的做法，下令后妃所生的儿子一旦立为储君，其生母就要被赐死。拓跋弘被立为太子后，生母李氏按惯例被赐死，由冯皇后抚养。冯皇后将拓跋弘当成自己的孩子，百般疼爱，精心培养，寄予重望。

拓跋弘年少即位，冯太后又身居深宫，车骑大将军乙浑就欺负他们孤儿寡母，专擅朝政，大肆排除异己。他先是假传圣旨，杀害了杨保年、贾爱仁等重臣，接着又打算对德高望重的平原王陆丽下毒手。

这天，乙浑派大臣穆多侯前往代郡，召回在那里治病的陆丽。穆多侯知道乙浑没安好心，就善意提醒陆丽说："乙浑早有反叛之心，只是忌惮王爷您。先帝刚刚驾崩，我劝您暂时不要接受征召，留在这里静观其变，再作决定。"

陆丽听说拓跋濬驾崩，早就想回京奔丧，便说："君王死了，做臣子的只考虑自己的安危而不去奔丧，这种事我做不出来。"陆丽回京不久，乙浑就找了个借口，将他和穆多侯诛杀了。

诛除朝中异己之后，乙浑的野心进一步膨胀，几次找负责选举、祭祀等工作的大臣贾秀，想把自己出身庶姓[①]的妻子封为公主，却都遭到贾秀的拒绝。

有一次，贾秀因为公事到乙浑的府中，乙浑夫妇再次向他提出公主封号一事。贾秀斩钉截铁地说："公主的称号尊崇无比，怎么可以随随便便封给异姓人的女儿呢？我宁可去死，也不能干这种让后人耻笑的蠢事！"乙浑夫妻恨得咬牙切齿。等贾秀走后，乙浑破口大骂："混账东西，走着瞧！"

东阳公拓跋丕听说这件事情后，很钦佩贾秀，悄悄对他说："乙浑图谋不轨，应当及早诛除他。"

---

① 古代指与天子或诸侯国君不同姓并且没有亲属关系的人。

贾秀叹了一口气，说："乙浑权势滔天，光凭我们几个人的力量，不容易除掉他，最好以太后的名义，联合皇室宗亲共同行动，才有可能成功。"

拓跋丕同意他的意见，将此事告诉了拓跋弘。拓跋弘觉得自己势单力薄，无法与乙浑抗衡，便跪求冯太后帮助。他哭着说："乙浑欺负我年纪小，大肆诛杀朝中老臣，阴谋篡夺皇位，请皇太后出来主持大局。"

冯太后亲切地对小皇帝说："我早就在考虑怎么对付他了。皇儿不用太担心，事情很快就有结果！"

几天后，拓跋丕率领一支军队突然闯入乙浑的府中，以谋反的罪名逮捕了他。不久，朝廷下令将其斩首。这件事情大快人心，冯太后借此在朝廷树立了威望，并逐渐掌控了朝政，代小皇帝行使职权。

冯太后入宫很早，在拓跋濬的影响下，对政事有不同常人的见解。她在执政期间，重用高允、高闾、贾秀等有才有德的大臣，使北魏朝政日趋稳定。

一年多后，拓跋弘的长子拓跋宏出生，冯太后很高兴，决定亲自抚养这个孩子。她考虑到拓跋弘已经逐渐长大，便将朝政归还给他，自己专心培养拓跋宏。

拓跋弘从小就聪明睿智，希望能够像先祖那样干一番大事。亲政以后，他重用了一批能臣武将，也贬斥了不少冯太后任用但是自己不喜欢的大臣。冯太后虽然心中不痛快，但是为了国家大局着想，并没有计较。

冯太后年纪轻轻就守了寡，生活备感冷清，便将一些年轻俊美的男子召入宫中做伴。在这些男子中，她最宠爱的是一个叫李弈的，召他进宫的次数最多。当时朝廷内外对此议论纷纷，拓跋弘也深深地引以为耻，对这些男子深恶痛绝，经常斥责他们。可是，冯太后并没有收敛，依然与李弈等人密切往来。拓跋弘一怒之下，找机会将李弈等人杀了。

冯太后因此大受刺激，对拓跋弘心怀怨恨，于是再次插手政事，朝中无论大事小事，包括官员的任免，她都要过问。拓跋弘渐渐心灰意冷，萌生出退一步海阔天空的想法。他原本就爱好黄老哲学和佛学，经常和朝廷官员、和尚僧侣一起谈玄论理，对世俗的荣华富贵表现得很淡漠。自从与冯太后关系闹僵之后，他更是沉迷其中，和大臣们交谈的时候，常有禅让皇位、离家修行的想法。

对于任何一个国家而言，皇位的禅让都是一件极其敏感的大事，往往不是某一个人能决定的。拓跋弘深知此事关乎国运，于是与公卿们共同商议。

他开门见山地说："我想将皇位禅让给叔父、京兆王拓跋子推，他为人沉稳、文雅仁厚，在朝野都有美好的声誉，我认为他是最合适的人选。事关重大，因此希望你们都能够说出自己的想法。"

拓跋弘当时才十八岁，而且亲政还没几年，正是大展宏图之际，这个时候突然提出禅位，着实让人诧异，公卿们先是面面相觑，继而纷纷反对。

任城王拓跋云激动地说："皇上，现在我们魏国正逢太平盛世，君临四海，您怎么忍心做出违背祖宗、抛弃百姓的事情呢？再说皇位自古以来就是父子相传，如果皇上您一定要放弃尘世俗务，那最合适的继承人也应该是太子啊！这样的大事一旦没有处理好，容易被奸人利用，危害社稷江山，请皇上三思而行啊！"

拓跋弘坚定地说："我已经下决心禅让，今天让你们来，主要是讨论继承人问题。"

大臣源贺一边摇头，一边叹息道："皇上，任城王说得对，将帝位禅让给皇叔，恐怕扰乱皇家祖庙祭祀的顺序。万万不可啊！"

尚书陆馣态度更是激烈，他大声说道："如果皇上舍弃太子，执意传位给亲王，我宁可在大殿上自尽，也不敢遵旨。"

拓跋弘看了看拓跋丕，希望他支持自己。拓跋丕却诚恳地说："皇太子今年才五岁，而皇上正当壮年，亲自主持朝政不过几年，为何只顾自己淡泊修行，不将天下苍生放在心中？"

拓跋弘听了，低头不语，过了一会儿，他抬起头，抱着最后一丝希望，看向大臣赵黑。只听赵黑一字一顿地说："老臣愿以死效忠太子。"

事已至此，拓跋弘只好接受众人的意见，将皇位禅让给太子拓跋宏，同时任命陆馣为太保，与源贺共同辅佐拓跋宏。

公元471年，五岁的拓跋宏接受父亲的禅让，登基即帝位。这就是北魏第七位皇帝孝文帝。拓跋弘被尊奉为太上皇。

孝文帝从小就聪明懂事，感情丰富。举行禅位仪式的那天，他悲伤极了，不住地哭泣。拓跋弘轻声问："孩子，你要当皇帝了，这是值得高兴的事情呀，为什么你反而哭得这么伤心呢？"

拓跋宏抽泣着说："今天接替父亲的位置，我心里像刀割那样难受。"拓跋弘听了，既欣慰，又伤感。

因为新皇帝年纪太小，太上皇拓跋弘仍然掌管朝政。他治理国家非常勤勉，对内注重选拔廉洁贤明的官吏，严惩贪官污吏，对外则开疆拓土，南征北战，他退位的第二年，就亲自带兵出征柔然，将其逼退几千里，保障了北魏边境的安全。

拓跋弘勤勉治国，个人威望也不断提升，这再次引起了冯太后的警觉，她怕拓跋弘东山再起，便让人秘密毒死了这位年仅二十三岁的太上皇。随后，冯太后第二次临朝摄政，她重用汉人朝臣，大刀阔斧地进行了一系列的改革，使北魏的经济得到迅速发展，国力不断增强。

烧信安人心

　　宋明帝刘彧从小喜欢读书，性情宽厚平和，当亲王时就有良好的声誉。即位初期，他秉承这种仁爱宽厚的作风，对待亲王、大臣都很友善，谁知到了执政晚年，刘彧整个人都变了，变得猜疑、残忍、暴虐。

　　有一年，刘彧害起了病，感觉到自己时日无多，担心太子刘昱年纪太小，自己的弟弟们图谋篡位，就先后诛杀了刘休祐、刘休若、刘休仁等几个弟弟。在刘彧所有的兄弟中，只有桂阳王刘休范因为人品低劣，才能平庸，刘彧觉得不值得担心，才留了他一条命。

　　刘彧去世后，年仅十岁的太子刘昱即位。顾命大臣袁粲、褚渊等人主持朝政。袁粲虽然是名门之后，到他这一代时已经家道中落，饱受饥寒贫困之苦，因此他主政后，重用了不少与自己一样出身寒门的官员。刘休范对此愤愤不平，说："现在朝廷主政的官员，喜欢任用一些出身低下的人，真是没眼界。像我这样拥有皇室血统的人，才应该到朝廷担任宰相一职。"可是他一向平庸愚昧，当时主政的几位大臣都不太瞧得起他。

心怀怨恨的刘休范便打算谋反，他采纳谋士许公舆的建议，在当地广交朋友，用重金收买人心，不少人前去投奔，一年之内竟集结了上万人。元徽二年（公元474年），刘休范宣布起兵反叛，他带领军队轻装出发，日夜兼程，进逼建康。

朝廷紧急召集褚渊、萧道成、孙千龄、王道隆、刘勔等大臣入宫，共同商讨对策。面对突如其来的叛乱，大臣们都各怀心思，不愿意先发表意见。

"刘休范都打上门来了，大家还不赶紧拿主意！"褚渊急了，用目光示意与自己关系密切的萧道成先说话。萧道成是西汉丞相萧何的后裔，相貌英武不凡，年轻时熟读经书，后来投笔从戎，跟随父亲参军，征战沙场，屡立军功。

萧道成便站出来说："当年长江上游也曾经发生叛乱，后来因为行动迟缓，遭到失败。刘休范手下有几名聪明的谋士，一定会吸取过往的教训，避免重蹈覆辙。这次刘休范的叛军轻装出发，沿水路东下，就是想打我们一个措手不及。"

褚渊点点头，说："萧将军言之有理，那我们应当如何应对呢？"

孙千龄私下与刘休范勾结，没等萧道成回答，便别有用心地说："朝廷应当派远征军据守在梁山一带，以拦截叛军。"

萧道成摇摇头，说："派军队远征不是一个好办法。因为一旦远征，我们只要有一支军队被击败，整个军心就会涣散，失败是必然的。"

孙千龄不服气地说："那你倒是说说看，应当怎么办？"

萧道成不慌不忙地说："我们现在最好的办法，就是派军队防守各处军事堡垒，等待贼寇攻击。他们这次孤军奔袭，轻装上阵，粮草肯定供应不上。到时候我们坚守不战，他们支撑不了多久就会土崩瓦解。"

还没等大家表态，萧道成又主动请缨，说："我请求驻防新亭①，首先抵挡叛军的前锋，再派两路军队分别驻守白下②、宣阳门③。朝中其他尊贵官员，可以安坐殿中，等待我击破贼寇的好消息。"说完，他向左右索取笔墨，写下会议记录，递给大家签字。

到会的官员全都签了字，只有孙千龄不肯签，坚持说："我们应该按以往的做法，派军据守在梁山一带。"

萧道成拉下脸来，严肃地说："贼寇已经逼近梁山，朝廷大军就是飞也来不及前往了。新亭历来是兵家必争之地。这次我一定会严守新亭，誓死报效国家。平时我可以委曲求全听你的意见，今天不行！"孙千龄见无法阻止他，悻悻不已。

---

① 在今江苏南京市西南。地近江滨，依山为城垒，为军事和交通要地。
② 在今江苏南京市北金川门外，是建康西北滨江要地。
③ 建康城外城正南门。

根据计划，萧道成率大军抵达新亭，开始修筑工事，还没有完成，刘休范的前锋军就到达了新林^①。萧道成为了安定军心，故意表现得毫不在乎，晚上仍然脱衣大睡，白天则从容不迫地拿出白虎幡，登高观察形势，然后派手下将领高道庆、王敬则等人率舰队迎战。结果初战告捷，士气大振。

几天后，刘休范从新林登陆，让几名将领带着一部分人马进攻台城^②，自己则集中兵力攻打新亭的营垒。萧道成率军全力抵抗，双方苦战了几个时辰才各自退下。然而，很明显，叛军的势头越来越猛，朝廷军则渐渐显示出颓势。

将士们都有点儿惧怕，萧道成耐心安抚他们说："贼寇人数虽多，可是他们的进攻杂乱无章，只要我们齐心协力，就能快速将他们击溃。"将士们见萧道成如此气定神闲，心才稍稍定下来。

刘休范觉得形势一片大好，心情非常愉快，打算

---

① 在今江苏南京市西南。
② 东晋、南朝的中枢官署和皇宫所在地。

上山瞭望敌情。他穿着一身白色的便服，坐上轻便小轿，由四名士兵抬着登上新亭南面的临沧观，身边仅带了几十名卫兵。

萧道成得知刘休范的动向，召集将领们商讨，说："刘休范以为要打胜仗了，非常松懈，你们可有什么对策？"

部将张敬儿说："我和黄回前去诈降，趁机偷袭他。"

黄回也赞成他的方案，说："这主意不错。不过，如果偷袭成功，由你取刘休范的性命，因为我曾发誓绝不诛杀亲王！"

萧道成想了想，说："光你们俩投降，恐怕不够。这样吧，你们带着我的密信前去，就说我率军队投降。张敬儿呀，如果你能够成功诛杀刘休范，我就把本州赏赐给你。"

张敬儿大受鼓舞，跟黄回出了城，跑到刘休范那儿，大喊道："我们是来投降的！"

刘休范让人把他们带到轿旁，黄回呈上密信，说："我们萧将军有意归附王爷，这是他的亲笔信。"

刘休范拆开信一看，果然是萧道成的字迹，心中狂喜："哈哈，大事可成了！"他的亲信都觉得可能有诈，提醒他当心，刘休范都听不进去，还把黄、张二人留在身边。为了表示诚意，刘休范还将两个儿子送给萧道成当人质。可他万万没想到，两个儿子一到那儿，立即被萧道成斩了。

刘休范觉得胜利在望，每天饮酒作乐，毫不防备。这天，他又在帐中饮酒，已经七分醉了，嘴里开始嘟囔："兄弟们，大家跟着我好好干！等攻进皇宫，那里的珍宝美女都赏赐给你们。"旁边的几名部将闻言，喜不自禁，也不断往嘴里灌酒，个个喝得东倒西歪。

站在一旁的黄回暗中向张敬儿使了一个眼色，张敬儿从旁边快步上前，抽出刘休范防身的佩刀，"咔嚓"一声，砍下刘休范的人头。

"不好啦，王爷被杀啦！"侍从们吓得惊慌逃窜。张敬儿拎着刘休范的人头，和黄回趁乱杀了出去，然后找了匹马，跑回了新亭。

萧道成派将领陈灵宝带着刘休范的人头回宫中报

信。陈灵宝快马加鞭往回赶，不料半路遇到刘休范的巡逻队。陈灵宝见对方人多势众，惊慌失措之下，把刘休范的人头扔到路边的水沟里，拍马就往宫里冲，还一边高喊："刘休范死了！叛乱平定了！"可是，由于没有刘休范的人头做证，大家都不相信。

这时叛军还不知道刘休范已死，叛军部将杜黑骡仍然对新亭发动猛攻。萧道成亲自上马迎战，与杜黑骡杀得天昏地暗，难解难分。杜黑骡见一时无法取胜，就舍弃新亭，带兵到朱雀门外的浮桥上，与另一名叛军部将丁文豪会师。两路人马顺利渡过秦淮河，将朝廷军杀得大败而退。

台城大乱，百姓惊恐万分，到处疯传"新亭失守了""宫城陷落了"。消息传到皇宫里，宫人们也乱成了一团，皇太后紧紧握着小皇帝的手，失声痛哭，说："我们的天下丢了！"她下令拿出宫中的财物赏赐将士，以激励他们继续战斗，可是将士们早已失去斗志。

不久，丁文豪的士兵听说刘休范已经死了，便稍稍往后退，打算解散。谋士许公舆为了稳住军心，骗大家说刘休范没有死，此刻正在新亭。士人百姓都很困惑，纷纷跑到新亭，结果把驻扎在那里的萧道成的军队当成刘休范的军队，不少人还呈递名帖，请求接见。

萧道成将上千张名帖都投入火中烧掉，他亲自登上北城门，对着大家高声喊道："各位看仔细了，我是平南将军萧道成。你们想归降的刘休范父子昨天就被斩杀了。你们递来的名帖都烧了，此事不再追究，大家不必害怕。"

张敬儿见丁文豪军队有退却之意，趁机发动猛攻，最终大破叛军，杀了杜黑骡与丁文豪。

战斗结束后，萧道成整顿大军，返抵建康。百姓终于安下心来，夹道观看，说："就是这位萧将军保全了国家啊！"

几天后，朝廷擢升萧道成为中领军①，让他留守京师，与袁粲、褚渊、刘秉轮流进宫值班，裁决政务。当时人称他们四人为"四贵"。

---

① 掌管京城驻军及禁军的高级武官。

13

萧将军的肚皮箭靶

元徽五年（公元 477 年）夏天，烈日炎炎，酷暑难耐，整座建康城像一只巨大的火炉，热得让人喘不过气来。中领军萧道成坐在府中，不停地摇着扇子，仍汗流浃背，他干脆脱掉上衣，袒露着大肚子，四仰八叉地躺在凉席上睡觉，只一会儿工夫，就鼾声如雷。

"萧道成，给我站起来！"正当萧道成沉浸在香甜的美梦中时，一个刺耳的声音如同一声响雷在他耳边炸裂。

"难道是那个小魔王来了？"萧道成惊得立马跳了起来，揉了揉眼睛，果然是当今皇帝刘昱，他身后还站着一队全副武装的侍卫。

刘昱走到萧道成面前，拍了拍他的肚皮，不由分说就提起毛笔在上面画了一个圆形的箭靶。接着，他退后了几步，眯着眼睛，瞄准那个箭靶，拉紧弓弦，就要朝箭靶上射。

萧道成大惊失色，抄起几案上的笏板护住肚脐，说："皇上饶命，老臣无罪。"

一向与萧道成交好的侍卫王天恩急中生智，"扑通"一声跪在刘昱面前，说："皇上，萧道成的肚子这么大，真是一个绝佳的箭靶，如果今天一箭射死萧道成，以后就不容易找到这样奇妙的箭靶了。不如这次改用圆骨箭头，皇上您还可以多射几次呢。"

刘昱想想也对，大笑道："王天恩，你这个主意好！"他下令取来圆骨箭头。只听"嗖"的一声，一箭射去，正中萧道成的肚脐。

接着又是"啪"的一声，刘昱把弓扔到地上，得意扬扬地问左右："我的箭法怎么样啊？"

王天恩赶紧竖起大拇指，夸赞道："皇上真是神射

手！一箭中的！"刘昱狂笑数声，带着众人扬长而去。

萧道成揉了揉肚子上的靶心位置，暗道："好险！"

刘昱胡作非为、放纵暴虐不是一天两天了，说起来不仅是萧道成，宋国上至朝廷大臣，下到平民百姓，哪个不是提心吊胆过日子呢？

早在当太子时，刘昱就不爱读书，一心只想玩乐，老师根本管不了他，明帝刘彧只好让他的母亲陈太妃严加管教，但同样没有效果。刘昱即位后，起初还害怕皇太后、皇太妃与几位顾命大臣，不敢太放纵。可是，自从行过加冠礼①后，他就像脱缰的野马，再也不受控制。他不断出宫游逛，开始后面还跟着整齐的仪仗队伍，后来索性丢下随从，只带着几个亲信到处乱跑，有时候溜到荒郊野外，有时候流连街头闹市。陈太妃开始还乘坐轿子跟着他，刘昱见了，便换了轻装快马，一溜烟跑得无影无踪，陈太妃只得由他去。

刘昱的所作所为根本不像一个皇帝，倒像一个无

---

① 古代汉族男子二十岁行加冠礼，表示进入成年。

恶不作的小混混。他经常一身短打装扮，到处流窜，大白天跟街市上的下等人厮混在一起，有人不知道他是皇上，怠慢或侮辱他，他也不计较。到了晚上，他就投宿在附近的旅店，常常呼呼大睡到第二天中午。后来，他喜欢上了杀人，命亲信手持短刀长矛，路上的行人，不管男女老少，只要被他盯上，他立即下令诛杀。老百姓都非常恐惧，街市上很多商家都不敢营业，家家户户关门闭户，路上行人几乎绝迹。

有一段时间，他杀人杀上了瘾，随身携带着各种凶器，朝中官员中有谁让他看不顺眼，他立刻抓起钳啊、锥啊、凿啊、锯啊，当场结果其性命。文武百官和宫廷侍从见到他都战战兢兢，每天都度日如年。大臣阮佃夫等人实在不想侍奉这样的皇帝了，就密谋废黜刘昱，另立皇帝。不料消息泄漏，刘昱亲自突袭阮佃夫等人的家，将他们全部诛杀，行刑的手段十分残忍，连婴儿也没放过。

萧道成平定刘休范叛乱后，在朝中威望很高，这让刘昱既畏惧，又忌恨。有一次，他一边磨着短矛，一边嚷嚷道："明天就杀了萧道成。"陈太妃斥责他说："萧道成对国家有大功，如果杀了他，谁还为你尽力？"刘昱这才罢手。但他仍时不时地吓唬萧道成，这次闯入领军府，看似胡乱戏闹，其实是他对萧道成动了杀心。

萧道成又何尝不明白自己的危险处境呢？他暗暗下定决心：再也不能侍奉这个残酷无道的暴君了。于是，他跑去找当朝重臣袁粲、褚渊二人，想跟他们商量废黜刘昱一事。

萧道成忧心忡忡地说："皇上疯狂放纵，残杀无度，这样下去，江山社稷很危险啊！我认为应当废了他，另立新君。"

袁粲不太赞同萧道成的提议，说："皇上还小，不懂事，现在犯些小错误，长大以后会改正嘛。何况现在这个世道，已经很难行废立之事了。即使成功，我们自己的下场恐怕也不会好。"

萧道成看了看褚渊，希望他站在自己这边。褚渊却一直沉默不语。萧道成无奈，勉强说道："那这事我们以后再商量吧。"

萧道成不甘心坐以待毙，既然袁粲、褚渊不同意废掉刘昱，他就想干脆依赖自己家族的力量来做这件事。他与族弟萧顺之、次子萧嶷商量，打算趁刘昱出宫到处乱窜时下手。

萧道成花重金收买了刘昱的侍卫王敬则，让他与刘昱的亲信杨玉夫、杨万年、陈奉伯等人搞好关系，要他们利用在皇宫值守的便利，窥探有什么动手的机会。

炎夏转瞬即逝，很快秋凉如水。七月七日这天，刘昱坐着露天无篷车前往郊外玩乐。出门前，刘昱看了看守在殿门口的杨玉夫，突然咬牙切齿地说："明天就宰了你这小子，挖出肝肺炒着吃！"杨玉夫吓了一跳，一整天都提心吊胆。

这天半夜，胡闹了一天的刘昱醉醺醺地回到宫中。睡觉前，他又恶狠狠地对杨玉夫说："今天是七夕，是牛郎织女相会的日子，你给我守在这里盯着天空，看到织女渡河时，马上叫醒我；看不见，就杀了你！"

杨玉夫知道这个小魔王说到做到，趁他呼呼大睡时，拔腿就去找王敬则商量。王敬则安慰了他一番，与他商定当夜就行动。

　　平时刘昱进出皇宫，没有固定时间，所以宫中各处的阁门夜间都不敢关闭。负责皇宫安全工作的官员害怕与刘昱碰面，都不敢出门。禁军宿卫更是躲得远远的，皇宫守卫工作没人管理，到处乱糟糟的。杨玉夫便与杨万年、陈奉伯等人悄悄潜入皇帝的寝殿。

　　杨玉夫偷偷往殿内窥视，听到刘昱发出均匀的鼾声，便与杨万年、陈奉伯走上前，取下刘昱的防身佩刀，只见寒光一闪，手起刀落间，小魔王刘昱就这样人头落地。

　　杨玉夫不慌不忙走到殿外，假传圣旨说："皇上想听音乐了，命外庭马上演奏音乐。"刘昱一向行为荒唐，半夜奏乐也不是什么稀奇事，所以宫中没有人怀疑，乐队就开始演奏起来。

　　在一阵阵弦乐声中，陈奉伯把刘昱的人头用布包裹着，藏在自己的袖袍里面，跟往常一样来到承明门，对守在那里的卫兵说："奉皇上旨意，出宫办事。"卫兵根本没有阻拦。陈奉伯走出承明门，把人头交给守在那里的王敬则。

王敬则飞马奔到中领军府，狂拍着大门，边拍边喊道："事成了！事成了！"萧道成正焦虑地等待，听到王敬则的声音，还担心是刘昱的诡计，不敢开门。王敬则急了，把人头从围墙外扔了进去。

萧道成命人将人头洗干净，仔细辨认，果然不错。于是，他全副武装，骑马出府，跟着王敬则直奔皇宫。

到了承明门，王敬则宣称："皇帝御驾回宫！"又咆哮着催促卫兵："磨蹭什么，皇上要怒了，还不快开门！"刘昱性急凶残，每次进出都大呼小叫，卫兵们都害怕得不敢抬头，所以，这次萧道成入宫，没有人怀疑。

萧道成顺利进入仁寿殿，宣布刘昱已死。第二天早晨，萧道成站在殿前的庭院中，以皇太后的旨意宣宗室大臣刘秉、袁粲、褚渊等入殿商议废立大事。

众人到后，萧道成开门见山地对刘秉说："这是你们刘家的事，您觉得应该如何处理？"

事出突然，刘秉又一向木讷忠厚，一时不知如何回答。萧道成顿时大怒，目光如同两道闪电射向他。刘秉被盯得心惊胆战，结结巴巴地说："尚书省的事，我还能处理，军事方面的事，全由领军大人您做主。"

萧道成又问袁粲，袁粲并不希望萧道成趁机增强权势，便推辞不说话。王敬则"腾"的一下跳起来，拔出佩刀，厉声道："天下大事，全都由萧公裁决，有谁胆敢说半个不字，先问问我这把刀答应不答应！"说完，他亲手将白纱帽戴到萧道成头上，请求他登基称帝，并说："大事要趁热打铁，一气呵成。"接着又转头威胁众人说："今天谁敢乱动！"

萧道成心里高兴，却故意板起面孔，训斥道："你懂什么，休得胡闹！"

袁粲权衡再三后，清了清嗓子，打算发表意见，王敬则大声喝止："给我闭嘴！"袁粲只是一个文官，见他如此凶神恶煞，似乎随时都可能过来撕碎自己，只好闭紧嘴巴。

　　褚渊一向与萧道成交好，他本希望保持中立的姿态，可是刘宋王室近年来的内讧太多，他早已对刘氏不抱希望，倒不如借这个机会成全萧道成，便说："除了萧公，没有人有能力善后！"

　　萧道成顺势说道："既然你们都推辞，我只好接受这个大任了。"于是，他提议前往东府城，迎接明帝刘彧的第三子、安成王刘准①入宫。

　　当天，年仅十一岁的刘准即皇帝位，这就是宋顺帝。刘宋的军政大权便落在萧道成一人手中。几个月后，袁粲与刘秉因不满萧道成专权，密谋将他诛灭，不料事情泄露，萧道成先下手为强，消灭了这两名劲敌。

　　经过多年的内斗，此时的刘宋皇室宗亲被屠戮殆尽，再也没有人起来力挽狂澜于既倒，刘宋王朝已经衰微，属于萧氏的时代就要到来了。

---

① 刘准实际上是桂阳王刘休范的儿子。

14

"愿我生生世世，不再生在帝王家"

　　升明三年（公元479年）四月，十三岁的宋顺帝刘准颁下诏书，将帝位传给权倾朝野的齐王萧道成。

　　第二天一大早，顺帝按例应当到殿前会见百官，但他非常害怕：自己虽然只当了两年傀儡皇帝，但毕竟是皇帝，如今马上不是皇帝了，自己还能活命吗？

　　顺帝越想越害怕，一大早就避开宫人，躲到佛像的宝盖下面藏了起来。他缩在里面，默默地哭了好一会儿，见自己的一片衣角还露在外面，便小心地拉了进来。

　　此时，王敬则已经率领军队来到宫殿的庭院中，一起来的还有一顶木板轿子，是来迎接顺帝的。宫人报告说顺帝不见了，王敬则赶忙发动众人寻找。找来找去，最后发现顺帝躲在宝盖底下。在王敬则的连哄带骗下，顺帝从宝盖下面爬出来，然后上了轿子。

顺帝强忍住眼泪，不安地问王敬则："你们准备杀死我吗？"

王敬则安抚道："只是让您搬到另外的宫殿中居住罢了。从前你们刘家取代司马家成为皇帝时，也是这样做的。"

顺帝读过不少史书，想到当年晋恭帝禅位后，被先祖刘裕派人杀死的事情，眼泪又哗啦啦地往下流。他揉了揉眼睛，弹掉食指上的泪水，发誓道："但愿我今后生生世世不要再生在帝王之家！"小小年纪竟然说出这样让人悲伤的话，宫人们听了，都哭泣起来。

话虽绝望，可顺帝不想死，他还想活，便拍着王敬则的手说："如果你能保住我的性命，我就给你十万钱。"

王敬则心中冷笑了一声，表面上却安慰他："放心吧，您不会有事的。"

顺帝半信半疑，一路上忧心忡忡。与此同时，萧道成在等待禅位仪式开始，回首过去这两年的事也是思绪万千。

萧道成出身于武将世家，年轻时就以稳重内敛、智勇双全为人称道。自打他拥立顺帝、诛灭朝中的异己势力独掌朝政以来，就有了当皇帝的想法。为此，他打算聘请德高望重的人才，辅助自己建功立业。

这天夜晚，萧道成召见了颇有威望的大臣谢朏。他让左右侍从退下，只留下两名手持烛台的僮仆。等谢朏坐定，萧道成说出自己的打算："谢公，现如今刘氏宗族内讧不断，大失民心，这正是我建立功业的大好机会。如果能够得到您的辅助，那事情定能成功！"

萧道成殷切地望着谢朏，可是等了很久，谢朏却一言不发。萧道成看了一眼那两名举烛台的僮仆，以为谢朏仍有顾忌，就上前将僮仆手中的烛台接过，说："你们先下去吧。"谁知僮仆走后，谢朏仍低着头不说话。

忠直的谢朏看出了萧道成的野心，在大是大非面前，坚持操守，不愿意攀附，所以他整个晚上都一言不发。萧道成明白他的态度，无奈送客。

大臣王俭也揣摩出了萧道成的心思，他的选择却与谢朏完全相反，主动要求与萧道成密谈。

见了面，王俭直截了当地说："一个人的功劳太高，就没有合适的赏赐，这种情况从古到今都有。以您今天的地位，怎么可以一直面北称臣呢？"

萧道成不能确定王俭的真实意思，就严厉地斥责道："你怎么敢说这种大不敬的话！"

王俭看了看萧道成，发现他语气虽然严厉，神情却很温和，便继续说："萧公啊，您一向对我特别关照，所以我敢于说出别人不敢说的话。我刚刚说的都是肺腑之言呀，您为什么拒绝得如此坚决？刘氏皇室丧失人心，也不是一天两天的事了。如果不是萧公您大力匡扶，他们怎么能够一次又一次渡过难关？他们现在对您当然是感恩戴德，可是时间一久，谁能保证这种感情不发生变化？自古以来，功高震主的人都很难善终，到那时您用什么办法保全自己呢？"

萧道成听了王俭这一番推心置腹的话，假装叹了一口气，说："您说得不是没有道理。"

王俭建议道："这件事情应该先和褚渊通个气，如果能得到他的支持，事情就好办得多。我愿为您前往褚渊府中，传达这个意思。"

褚渊是当朝重臣，威望很高，与萧道成的关系一直都不错。当年萧道成拥立顺帝时，褚渊曾经鼎力支持。于是，萧道成微笑着说："这件事情，还是我亲自去说的好。"

几天后，萧道成亲自拜访褚渊。两人喝茶聊天，谈了一些家常，气氛十分融洽。说着说着，萧道成似乎漫不经心地说："昨晚我做了一个梦，梦里说我又升官了。"

褚渊想也不想，说道："啊呀，这真是一个吉祥的梦，不过这个梦不一定能够在短时间内应验。前些日子，皇上刚刚宣布您的新职位，恐怕一两年内不会再有变化了。"

萧道成见褚渊没明白自己的意思，又不方便直说，就告辞了。回来后，他对王俭说："褚渊真是一个书呆子啊，枉我说了半天，他居然没有开窍！"

王俭就给他出了一个主意："您可以让相关官员撰写一份诏书，加授您为太傅，再赐给您黄钺①。"

萧道成的亲信任遐说："这可是一件大事，应该让褚渊知道。"

萧道成担忧地说："万一褚渊不同意，怎么办？"

任遐胸有成竹地说："褚渊这个人并没有什么特别的，他与普通人一样珍惜自己的生命、爱护妻儿。您放心，我有办法让他同意此事。"

于是，任遐亲自前去找褚渊说了这件事，褚渊果然没有反对。几天后，顺帝就下诏，赐给萧道成黄钺，加授他为太傅，上殿时可以穿鞋佩剑、入朝时不必快步小跑、奏报事情时不用称呼自己的名字。萧道成装模作样地"坚决"辞让这些特殊的礼遇。

---

① 黄钺是黄金装饰的斧头，是皇帝权力的象征，如果大臣被赐予黄钺，就可以代行皇帝的职责。

有了褚渊这样名望高的大臣的支持，事情进展得非常顺利，但是萧道成仍希望谢朏能辅佐自己开创新朝。这天，他叫人准备好菜肴和美酒，把谢朏请到府中吃饭。两人饮酒聊天，萧道成说起魏晋时期的旧事，趁机再次表明自己的意思，结果再次遭到谢朏的拒绝。萧道成很恼火，只是顾虑到他的声望，才没有发作。

　　其实，不管谢朏如何不愿意，都阻止不了萧道成坐上皇帝的宝座。不久，顺帝任命萧道成为相国，总领百官，又给他十个郡的封地，号称齐公，并赐九锡的特殊礼遇，还下诏说，齐国的官职爵位和礼典仪式，全都可以仿效朝廷。仅仅过了一个月，顺帝又进封萧道成为齐王，增加了十个郡的封地。再过了二十天，顺帝就将皇位禅让给齐王萧道成。

　　顺帝下诏禅位的这天，谢朏正在值班，按例应当解送玺印，保证次日的禅位仪式顺利进行，但他假装不知道，下属暗示他，他还反问："还有什么事吗？"

　　过了一会儿，有人前来传达诏旨："马上解送玺印，交给齐王。"

谢朏不紧不慢地说："齐王应当派自己的官员来处理这事。"说着，他拉过枕头，躺了下去。

那人好心劝他："谢公，都已经这个时候了，您怎么还不懂得自保呢？您可以假装生病了，我另外找人替您解送玺印。"

谢朏朝他翻了一个大白眼，没好气地说："我好好的，为什么说我生病！"说完翻身起来，穿上朝服，徒步走出宫门，回家去了。

萧道成拿谢朏没办法，只好让王俭解送玺印，并送给褚渊。褚渊捧着玺印，率领百官前往齐王府，请萧道成即帝位。萧道成又装模作样推辞谦让了几次，才接受。

第二天，当王敬则等人将顺帝迎上大殿，典礼仪式立即开始。顺帝禅位，宣告刘宋王朝灭亡。萧道成即帝位，国号为齐，史称南齐。萧道成就是齐高帝。

典礼结束后，顺帝坐着彩漆画轮的车子出了宫门，前往太子的府邸，百官前来送行。路上，顺帝问左右："今天为什么没有演奏乐器呢？"周围的人都没有回答。

大臣王琨再也忍不住，他伸手抓着顺帝车上悬着的獭尾，哭着说："老臣已经八十岁了，世人都为长寿高兴，老臣却为长寿悲哀。正是因为活到现在，才几次目睹今天发生的这种事情！"说完，他放声痛哭。

王琨曾经在晋朝做官，目睹了五十九年前晋恭帝禅位给刘裕，如今又一次经历禅代，自然悲从中来。百官望着老泪纵横的王琨，想到自晋以来，朝代更迭，社会动荡，连皇帝在变幻的局势中，都如风中柳絮、水中浮萍，何况是他们这些人呢？想到这儿，一个个也跟着泪如雨下。

15

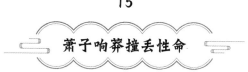

萧子响莽撞丢性命

公元482年，齐高帝萧道成去世。萧道成在位虽然只有短短的四年，但他吸取刘宋灭亡的教训，革除暴政，兴办学校，重视礼教，让百姓休养生息，使南齐的国力得以平稳发展。他死后，太子萧赜即位，也就是齐武帝。

武帝十分关心百姓疾苦。有一年，长江发大水，很多农田被淹，他就下诏说："今年庄稼收成不好，很多百姓食不果腹，一定要派官员前往赈恤，同时减免租税，帮助百姓渡过难关。"

不仅如此，武帝还大力提倡并奖励农桑，发展农业，在全国各地兴办学校，挑选有学问的人当老师。为了缓和南北局势，他还派大臣范缜出使北魏，使得两国边境稳定，极少发生战事。

武帝在位期间，总体上南齐政治清明，老百姓生活富足、祥和安乐，盗贼不敢横行，历史上称这段时期为"永明①之治"。

齐高帝萧道成临终前，曾嘱咐武帝，要警惕晋朝和刘宋皇室手足相残的教训，爱护同宗兄弟，再加上武帝本性仁厚，因此他在位期间，萧氏皇族内部没有发生父子、兄弟相残的惨剧，但在他统治晚年，也不得不经历四子萧子响被冤死的悲剧。

武帝有二十三个儿子，因为叔父萧嶷没有儿子，他就将第四子萧子响过继给叔父。后来，萧嶷生了儿子，就上疏请求留下萧子响做世子。世子与皇子的地位待遇相差很大，每次上朝，萧子响的车马衣服都与其他皇子不一样，为此他常常愤懑不平，就用拳头

---

① 齐武帝萧赜统治期间的年号为永明。

"咚咚咚"地猛击车壁。

武帝知道后，有些歉疚，就下诏允许萧子响的车马衣服与其他皇子一样，又封他为巴东王，任荆州刺史，萧子响这才高兴起来。

萧子响骁勇能干，喜欢军事，精通骑马射箭，还亲自训练六十名勇士做自己的贴身侍卫。他就任荆州刺史后，多次在府中大摆宴席，犒劳这些侍卫。他私下还命能工巧匠制作了锦绣长袍、红色短袄，打算用它们跟地方上的蛮族换取武器。

这些举动引起了荆州长史刘寅、司马席恭穆的警惕，他们将此事密报武帝。武帝大怒，骂道："好你个逆子，这是要造反啊！"下诏要求彻查此事。

萧子响听说武帝派了钦差前来，知道有人告密，就将刘寅、席恭穆和典签吴脩之、魏景渊召集到一起，盘问他们。刘寅与席恭穆都支支吾吾不肯说。吴脩之就说："现在最要紧的是想办法搪塞过去，然后再追查是谁泄了密。"魏景渊则说："我觉得应该先调查。"

典签本来只是处理文书的小官，刘宋皇帝为了监视镇守各地的亲王，就向各地派遣典签。这些典签每年都要往返京城数次，向皇帝汇报亲王们的动向。因此，典签们的官职虽小，权势却很大，各地亲王都十分忌惮，他们因此变得骄横起来。南齐建立后，沿袭了这种制度。

萧子响本来就对典签平时监视自己非常恼怒，听到吴脩之、魏景渊这么一说，不由得怒火中烧，冲动之下，就把刘寅等八人全杀了。杀完人之后，萧子响才暗暗后悔，本来没什么事，可是杀了人，性质就完全变了。想来想去，没有更好的办法，他只好如实将这一情况报告给了武帝，希望得到宽恕。

武帝收到报告，暴跳如雷，当即任命随王萧子隆为荆州刺史，准备取代萧子响，接着又召来一向信任的大将戴僧静，大声对他说："你明天就带兵去荆州讨伐萧子响。"

戴僧静早就对萧子响的事情有所耳闻，见武帝生气成那样，便劝道："巴东王年纪还小，血气方刚，一定是刘寅等人逼得太急，他才不计后果地杀了人。按我朝的律令，皇子因为过失杀人算不上大罪，倒是皇上忽然派大军西进，闹得人心惶惶，到时候他们更是什么事都干得出来了。因此，我不敢接受圣旨。"

武帝嘴上没说什么，心里却赞赏戴僧静的看法，于是改变主意，派胡谐之、尹略、茹法亮等大臣率领侍卫队前去搜捕萧子响身边的小人，并下诏说："如果萧子响能放下武器，主动回到建康请罪，可以留他一条性命。"

出发前，胡谐之的副手张欣泰说："这件事情吃力不讨好呀，办成功了捞不到什么好名声，失败了却会成为奇耻大辱。"

胡谐之不明所以，忙问："此话怎讲？"

张欣泰说："我听说萧子响勇猛好斗，身边聚集的都是凶狠狡诈之徒。这些人贪图赏赐，即便听说朝廷要去抓捕，也不会自行逃散。对于这种人，只要我们向他们讲明利害祸福，就可以不费一兵一卒抓获他们。"

胡谐之却不以为然，不肯采纳张欣泰的建议。抵达江津后，他命人筑起了城垒，摆出一种要与萧子响大动干戈的架势。

萧子响不禁有些害怕，几次派使者前来解释说："天底下哪有儿子反叛父亲的呢？我并不是想抗拒朝廷，只是当初做事鲁莽，冲动之下杀了人。我认识到自己的错误，打算乘一艘小船回到朝廷，接受皇上对我的处罚，你们又何必兴师动众派大军来抓我呢？"

胡谐之与茹法亮都没说什么，尹略却固执地认为萧子响有叛逆之心，便让使者传话给他："跟你这种叛父的逆子，没有什么可说的！"

萧子响听了使者的传达，以为是皇上的意思，放声大哭。为了表明自己对朝廷的忠心，他下令杀牛备酒，做了许多美味佳肴，送去犒赏胡谐之等人。尹略却不屑一顾，说："逆贼，妄想用这些食物收买人心，别做白日梦了！"命人将酒菜全部倒入江中。

萧子响仍不放弃希望，请求和茹法亮见面。茹法亮是萧赜的心腹亲信，如果他肯帮忙说话，事情就有转机。可是茹法亮只是一介文官，知道萧子响一向好武，怀疑他别有用心，不肯前去。萧子响又请求会见传达诏令的官差，茹法亮心里更犹疑了，不仅不答应，还将萧子响派来的使者关押起来了。

几次三番示好都遭到拒绝，萧子响只觉得热血直往头上涌，再也控制不住自己的情绪，他组织起平时训练的所有侍从，连同府上两千多名士卒，与朝廷军展开激战。萧子响亲自在江堤上用弩射击，那些侍从、将士平时都受过萧子响的厚待，在战斗中尤其卖命。结果，朝廷军队大败，尹略阵亡，胡谐之等人跳上一艘小船逃回建康。

听了胡谐之等人的报告，武帝气得破口大骂："逆子果然谋逆！"他马上派族弟萧顺之率大军赶往荆州继续讨伐。太子萧长懋平时就忌恨萧子响，悄悄对萧顺之说："不要让萧子响活着回到建康。"

萧子响杀死尹略后，头脑冷静下来，心想："完了，这下真的闯大祸了！"当即率领三十名侍从，乘船赶往建康，打算当面向武帝说明情况，结果半路上与萧顺之的军队遇上。

萧子响为了表明心迹，孤身去见萧顺之，想将事情的来龙去脉解释给他听，不料萧顺之一口咬定萧子响谋反，根本不听他解释，命人将萧子响绑起来，用布塞住他的嘴，当天晚上又用一根绳子将他勒死。

　　萧子响临死前悔恨不已，流着泪给武帝写了一封信，信中说："儿臣的罪过实在太大，按理应甘心接受惩罚。可是，您派来的胡谐之等人竟然没有宣读圣旨，就修筑城防，要与儿臣开战。儿臣几次派人送信给茹法亮，乞求与他当面说清事实，茹法亮始终不肯见儿臣。儿臣左右的一群小人都很害怕，这才导致了双方的激战，这些都是儿臣的罪过。后来，儿臣放下武器，孤身一人投奔萧顺之的军队，希望能回到京城，当面向父皇您陈述事情的经过，再自杀谢罪，以免世人讥讽父皇诛杀皇子，儿臣也不必背上忤逆父亲的恶名。可是，儿臣马上就要奔赴黄泉了，竟然连这种卑微的心愿也不能被满足，除了悲伤哭泣，儿臣竟然无话可说了！"

　　萧子响死后，有一次，武帝在皇家园林游赏，看见一只猿猴跌跌撞撞地穿过假山，不住地悲号哀鸣，就问侍从："这只猿怎么了？"侍从说："前天它的孩子从假山上摔下去死了，它就变成这样了。"武帝一下子就想起了萧子响，想到他临死前写的信，不由得悔恨交加，老泪纵横。